Frank&Frei

Wegweiser für eine zivilisierte Gesellschaft

W0052879

Die Frage aller Fragen

Woher kommen wir, wohin gehen wir?

Frank Stronach

Pegasus und Drache, in diesem spektakulären Bronzemonument in Szene gesetzt, sind ewige Symbole für Gut und Böse, Licht und Dunkelheit, Schöpfung und Zerstörung. Das Denkmal neben dem Gulfstream Park in Florida ist sowohl eine Würdigung an das majestätische Pferd als auch eine Darstellung des ewigen Kampfes zwischen den Kräften des Guten und Bösen.

Kräfte, die die menschliche Geschichte geprägt haben und jeden Tag unser eigenes Leben und das unserer Mitmenschen beeinflussen.

Diese zeitlosen Themen und Konflikte, in diesem Denkmal dargestellt und symbolisiert, werden in diesem Buch reflektiert.

Danksagung

Ich möchte Mark Kara für das Cover-Design und seinen künstlerischen Beitrag bei der Schaffung der Pegasus-und-Drachen-Statue sowie Paul Pivato für seine Unterstützung beim Schreiben dieses Buches danken.

Inhalt

„Die Geschichte der Menschheit wird seit eh und je von der ‚goldenen Regel' dominiert: Wer das Gold hat, macht die Regeln. Ich möchte von niemandem dominiert werden und auch ich sollte kein Recht haben, jemanden zu dominieren. Die Frage ist, wie können wir die Ketten der Dominanz konstruktiv lösen. Nicht durch zerstörerische Revolutionen, sondern durch geistige Revolutionen."

Frank Stronach

Einer der innovativsten Wirtschaftsmänner der Welt gibt mit diesem Buch seine Leidenschaft, seine Erfahrungen und sein Wissen weiter.

Frank Stronach ist Gründer und Ehrenvorsitzender des Autozulieferkonzerns Magna International sowie Gründer und Ehrenvorsitzender der Stronach Group. Magna ist der weltweit am meisten diversifizierte Autozulieferkonzern mit über 150.000 Mitarbeitern, die Stronach Group Nordamerikas größter Betreiber von Pferderennbahnen und einer der weltgrößten Anbieter von Totalisator-Wettsystemen. Frank Stronach ist zudem einer der bedeutendsten Besitzer und Züchter von Rennpferden.

Neben seinen wirtschaftlichen Aktivitäten war und ist er in zahlreichen akademischen, staatlichen und unternehmerischen Gremien tätig, er unterstützt und fördert wohltätige Einrichtungen. Für seine Leistungen wurde Frank Stronach in den USA, Kanada, Israel und Österreich mehrfach ausgezeichnet. Unter anderem mit dem Ehrenprofessor der Technischen Universität Graz, mit dem Doktor der Wirtschaftswissenschaft h.c. der St. Mary's University Halifax und dem Goldenen Ehrenzeichen für die Verdienste um die Republik Österreich.

Frank Stronach hat sich stets dafür eingesetzt, dass die Mitarbeiter am wirtschaftlichen Erfolg seiner Unternehmen beteiligt werden. Seine Formel für die Verteilung der Gewinne, die er bei Magna in einer eigenen Unternehmensverfassung verankert hat, ist allgemein anerkannt und einer der Hauptgründe für das Wachstum und den Erfolg des Konzerns.

„Als der Gründer von Magna International Inc. habe ich Hunderte von Fabriken gebaut, die mehr als 150.000 Menschen in 30 verschiedenen Ländern beschäftigen. So habe ich im Laufe meiner Karriere die Hoffnungen und Träume der Menschen auf der ganzen Welt kennengelernt. Sie haben überall den gleichen Wunsch nach Freiheit und sie wollen überall für sich und ihre Familien ein besseres Leben aufbauen.

Mit meinem Buch möchte ich Wege aufzeigen, wie wir eine zivilisiertere Gesellschaft schaffen können, indem wir Kriege verhindern, Armut bekämpfen und gleichzeitig die Wirtschaft fördern, um den Lebensstandard der Menschen überall auf der Welt zu erhöhen."

*Für meine Frau Elfriede, meine Kinder Belinda und
Andrew und meine Enkel Frank, Nikki und Selena.
Es ist mein aufrichtiger Wunsch,
dass sie mit ihrem Einsatz und ihren Talenten mithelfen,
eine bessere Welt zu schaffen.*

Überlegungen zum Aufbau einer besseren Gesellschaft

Fokussiere auf das Heute, um zu leben, aber lasse das Tor zur Zukunft offen und folge deinen Träumen. Lasse dich dabei immer von deinem Gewissen leiten.

Unser Gewissen ist die Reflexion unserer Seele. Und es ist unsere Seele, die ständig und unaufhörlich die Wahrheit und das Equilibrium sucht.

Die Seele strebt danach, auch anderen zu dienen und ist der ultimative Ausdruck unserer Menschlichkeit. Ein Teil unserer Seele ist eingebettet in unseren Kindern und in unseren Enkelkindern, er formt sie und ist ein Teil von deren Zukunft. Das ist ein Vorgang, der niemals endet. Jeder Mensch soll seinen eigenen Weg zum Glücklichsein finden und mit den Gesetzen des Universums in Harmonie leben.

Familien sind das Fundament jeder Gesellschaft.

Familien sind die lebenden Verbindungen zwischen der Vergangenheit und der Zukunft, zwischen denen, die vor uns gelebt haben und denen, die erst geboren werden. Daher ist es unerlässlich, dass Familien in Liebe und Harmonie zusammenleben und ihr Wissen darüber, wie man eine bessere Welt schafft, von einer Generation zur nächsten weitergeben.

Als Gründer der Firma Magna International habe ich über 400 Fabriken in 30 verschiedenen Ländern gebaut. Ich sehe Amerika als das einzige Land, wo das freie Wirtschaftssystem vielleicht eine Möglichkeit hat zu überleben.

Das freie Wirtschaftssystem ist das Fundament einer freien Gesellschaft.

Dieses Buch weist auf die negativen Umstände hin, die dem freien Wirtschaftssystem in den USA und in Europa schaden. Dieses Buch enthält aber auch Vorschläge, wie man das freie Wirtschaftssystem besser und fairer gestalten kann. Das Problem in Europa ist noch viel größer als in den USA. Das Wachstum von Bürokratie, die steigenden Schulden und ein Steuersystem, welches die Wirtschaft erstickt, machen Europa nicht mehr konkurrenzfähig.

Wenn die Wirtschaft nicht funktioniert, dann funktioniert gar nichts.

Die beste Möglichkeit, die freie Wirtschaft zu erhalten, ist, wenn die Mitarbeiter ein Recht haben, dass sie an der Wohlstandsschaffung beteiligt sind. Das bedeutet, dass man durch eine Wirtschaftsrechtsverfassung festlegt, dass die Mitarbeiter ca. zehn Prozent vom Profit zusätzlich zum Basisgehalt erhalten.

Die Arbeiterprofitbeteiligung und einfache, effektive Steuergesetze würden einen Wirtschaftsboom auslösen, und wir könnten endlich ein ausbalanciertes Budget haben sowie gleichzeitig Schulden abbauen.

Vorwort zur deutschen Ausgabe

„Das freie Wirtschaftssystem hat Amerika groß ge-
macht und wir müssen alles dafür tun, um dieses Sys-
tem zu erhalten, denn es ist die Grundlage einer freien
Gesellschaft."

Z u den schönen Dingen des Älterwerdens gehört, genügend Zeit zu haben, um über das bisher Erreichte und
über das Leben an sich nachzudenken. Es gibt so viele
ewig und allgemein gültige Wahrheiten, aber die wichtigste Frage von allen ist: Woher kommen wir und wohin gehen wir? Was
liegt jenseits unserer Galaxie? Wie wird das Wasser sein, das
wir trinken, wie wird die Luft sein, die wir atmen, und welche
Nahrungsmittel werden wir essen in 200 Jahren? 200 Jahre sind
nicht viel, nur ein Augenblick, verglichen mit der Zeit, auf der
es Leben auf unserem Planten gibt.

Unser Zuhause, die Erde, ist ein relativ kleiner und beengter
Lebensraum, mit immer mehr Menschen, die jedes Jahr geboren werden. Ungefähr neun Milliarden leben zurzeit auf unserem Planeten, in zweihundert Jahren werden es wahrscheinlich
rund zwanzig Milliarden sein. Zu viele Menschen für diesen
Planeten, zumindest, wenn wir weiterhin denselben Lebensstil
aufrechterhalten und weiterhin die natürlichen Ressourcen in
dem Ausmaß verbrauchen, wie wir es heute tun. In diesem Buch
versuche ich, eine Reihe von Problemen und Fehlentwicklungen
aufzuzeigen, mit denen wir konfrontiert sind. Ich bin seit jeher
davon überzeugt, dass man ein Problem zunächst identifizieren
muss, um es lösen zu können, auch wenn man dafür oftmals
kritisiert wird. Auch eine Schildkröte kommt nur vorwärts,
wenn sie den Hals herausstreckt.

Ich hatte das Glück, durch harte Arbeit, Tatkraft und Entschlossenheit großartige Dinge vollbringen und ein außergewöhnliches Leben führen zu können. Ich bin Werkzeugmacher von Beruf. 1957 mietete ich eine kleine Garage, kaufte ein paar alte, gebrauchte Maschinen und startete meine unternehmerische Karriere. Ich war voller Zuversicht, als ich in Fabriken und Unternehmen ging und meine Fähigkeiten und Dienstleistungen anbot. Ich erklärte meinen potenziellen Kunden, dass sie mich nicht bezahlen müssten, wenn ich ihre Probleme nicht lösen könnte. So hatte ich sehr schnell Aufträge. Nach einem Monat stellte ich meinen ersten Mitarbeiter ein. Nach einem Jahr waren es bereits zehn. Ich eröffnete eine neue Fabrik und wenig später eine weitere. Jahrzehnte später nahm ich jeden Monat irgendwo auf der Welt ein neues Werk in Betrieb.

Sechzig Jahre nachdem ich meine Firma aus dem Nichts aufgebaut habe, hat sie rund 163.000 Beschäftigte und einen Jahresumsatz von etwa 35 Milliarden Dollar. Das Unternehmen, das ich gegründet habe, ist Magna International, einer der weltgrößten Autozulieferer, der für seine Entwicklungen in der modernen Fahrzeugtechnik bekannt und anerkannt ist. Fast jedes Auto und jeder Lastwagen, der heute auf unseren Straßen unterwegs ist, verfügt über hochwertige Teile von Magna.

Als ich mich von Magna zurückzog, hatten wir ungefähr vierhundert Fabriken, Forschungs- und Entwicklungszentren in dreißig verschiedenen Ländern. Neben meinen Aufgaben als Chef des Konzerns war ich auch an vielen sozialen und gemeinnützigen Projekten beteiligt. Ich saß im Vorstand von Universitäten, Krankenhäusern, Banken und Wohltätigkeitsorganisationen und war Mitglied des Corporate Governance Board der NASDAQ, der größten elektronischen Börse in den USA.

Später gründete ich in Österreich eine politische Partei, das „Team Stronach" und war gewählter Abgeordneter des österreichischen Nationalrates. In dieser Zeit erhielt ich tiefe Einblicke in das Innenleben demokratischer Regierungssysteme, wie sie funktionieren und an welchen Konstruktionsfehlern sie leiden. Durch diese praktische Erfahrung habe ich aus erster Hand gelernt, wie politische Prozesse ablaufen und wie man sie verbessern kann.

Das Leben war unglaublich gut zu mir. Ich habe Könige und Königinnen, Präsidenten und Regierungschefs, die Reichen und Berühmten, bunte Vögel und anständige, bodenständige Menschen getroffen. Ich habe viele Höhen und Tiefen durchlebt, aber, was mich am meisten geprägt hat, was mich zu dem Menschen gemacht hat, der ich heute bin, waren die Not und das Elend, das ich durchlebt habe und wo ich jene Lektionen gelernt habe, die mir halfen, Magna zu einem weltweit agierenden Autozulieferkonzern aufzubauen.

Ich habe unter zwei der brutalsten Regime gelebt, die die Welt je gesehen hat und dies innerhalb weniger Jahre. Ich habe Hunger und Not erlebt. Ich wurde gefeuert und diskriminiert. All diese Erfahrungen haben tiefe Eindrücke hinterlassen. Im Laufe meiner Karriere habe ich viele Jahrzehnte in den USA gelebt und gearbeitet. Ich schätze die Prinzipien der Freiheit, für die Amerika steht und ich bewundere den unternehmerischen Geist der Amerikaner.

Ich glaube, dass Amerika das einzige Land der Welt ist, in der das freie Wirtschaftssystem eine Chance zum Überleben hat. Das freie Wirtschaftssystem hat Amerika groß gemacht und wir müssen alles dafür tun, um dieses System zu erhalten, denn es ist die Grundlage einer freien Gesellschaft. Der beste Weg, dieses System zu erhalten, besteht meiner Meinung nach darin, den Mitarbeitern durch Beteiligung am Unternehmensgewinn die Möglichkeit zu geben, an der Schaffung von Wohlstand teilhaben zu können.

In den letzten Jahrzehnten hat Amerika immer mehr sozialistische Ideen und Praktiken übernommen, vor allem, wie man Wohlstand **umverteilt,** statt ihn zu **schaffen.** Ich habe selbst gesehen, wie Europa den sozialistischen Weg eingeschlagen hat und dieselbe schädliche Politik, die sich in Europa etabliert hat, gewinnt auch in den USA immer mehr an Boden. Wir haben einen gefährlichen Wendepunkt erreicht, an dem immer mehr Menschen aus unserer Wirtschaft aussteigen und immer weniger Menschen etwas zum allgemeinen Wohlstand beitragen. Mehr und mehr Amerikaner sind von staatlichen Transferleistungen abhängig.

Die Wirtschaft ist für diese Entwicklung mitverantwortlich, weil sie es verabsäumt hat, ihre Mitarbeiter zu Partnern bei der Produktivität und beim Gewinn zu machen. **Wenn Arbeitnehmer nicht das Gefühl haben, einen fairen Anteil vom wirtschaftlichen Kuchen zu bekommen, neigen sie dazu, die staatliche Umverteilungspolitik zu unterstützen.** Unsere Gesellschaft entwickelt sich dadurch immer mehr zu einem sozialistischen System.

Amerika ist mit einer Reihe weiterer grundlegender wirtschaftlicher Probleme konfrontiert. Wir haben uns von einer Realwirtschaft, in der Produkte und Waren produziert werden, zu einer Finanzwirtschaft entwickelt. Wie weit wir uns bereits von der Realwirtschaft entfernt haben, können Sie erkennen, wenn Sie durch ein Kaufhaus gehen und sehen, dass kaum noch ein

Produkt in den Regalen in Nordamerika oder Europa hergestellt wird.

Einer der Hauptgründe dafür ist, dass westliche Unternehmen für die Schließung von Fabriken und die Verlagerung ihrer Produktion nach Asien und in andere Niedrigkostenregionen auch noch steuerlich belohnt werden. Es müsste genau umgekehrt sein: Unternehmen, die ihre Gewinne in den USA investieren, sollten mit einer Steuerermäßigung belohnt werden.

Zudem ist das derzeitige Steuersystem für die verarbeitende Industrie kontraproduktiv. Sehen Sie sich um: Es werden kaum noch Fabriken gebaut, sondern vor allem Lagerhäuser für importierte Produkte aus Asien. **Wenn ein Land immer mehr importiert und immer weniger exportiert, geht es mit der Wirtschaft unweigerlich bergab und die Zahl der Arbeitslosen steigt.**

Deshalb ist es meine Überzeugung, dass das freie Wirtschaftssystem nur überleben kann, wenn die Arbeitnehmer die Möglichkeit erhalten, an der Schaffung von Wohlstand zu partizipieren. Einfach ausgedrückt: **Die Arbeiter müssen die Chance haben, Kapitalisten werden zu können, indem sie Kapital akkumulieren, das sie über die Beteiligung am Unternehmensgewinn erhalten, den sie selbst miterwirtschaftet haben.**

Das Kernprinzip des freien Wirtschaftssystems ist die Schaffung von Reichtum, von Kapital. Deshalb wird das freie Wirtschaftssystem auch gemeinhin als Kapitalismus oder als kapitalistisches System bezeichnet. Leider wird immer mehr Kapital von immer weniger Menschen gehalten. Mit anderen Worten: Es gibt immer weniger Kapitalisten. In der Natur nimmt immer dann eine Spezies überhand, wenn eine andere sich nicht mehr fortpflanzt. Damit das freie Wirtschaftssystem überleben kann, müssen wir unser Wissen und Verständnis über die Schaffung und Umverteilung von Reichtum erweitern.

Das Wohlergehen eines Landes hängt von der Gesundheit und Stärke seiner Wirtschaftsstruktur ab. Die Unternehmen sind die Weber dieses Netzwerkes. Die Wirtschaft wird von drei Kräften angetrieben: kluge Manager, motivierte Mitarbeiter und Investoren. Alle drei Kräfte haben ein moralisches Recht auf einen Teil der Gewinne, die ein Unternehmen erwirtschaftet. Als allgemeine Richtlinie sollte gelten: Mitarbeiter bekommen 20 Prozent der Gewinne, das Management zehn Prozent, Investoren 20 und die restlichen 50 Prozent sollten, um wettbewerbsfähig zu bleiben, für Investitionen, Forschung und Entwicklung im Unternehmen bleiben. **Über die Gewinnbeteiligung würden die Arbeiter die Möglichkeit erhalten, Kapital zu akkumulieren. Mit anderen Worten: Sie würden selbst zu Kapitalisten.**

Je größer in einer Gesellschaft mit freiem Wirtschaftssystem die Kluft zwischen den Reichen und den Arbeitern wird, desto leichter können die politischen Parteien die Massen mit Umverteilungsmaßnahmen und sozialistischen Programmen ködern. Dadurch wandelt sich eine Gesellschaft mit freiem Wirtschaftssystem langsam in ein sozialistisches System.

Ich habe im Laufe der Jahre viel Zeit in Europa verbracht, um neue Fabriken aufzubauen und unsere Geschäfte zu managen. Dabei habe ich sehr früh erkannt, wie tief der Sozialismus in Europa verwurzelt ist. Ich sage das nicht zynisch, weil ich selbst aus einer Arbeiterfamilie komme und mein Vater ein Gewerkschaftsaktivist war. Aber ich glaube nicht, dass der Sozialismus den Lebensstandard der Menschen erhöhen und die Armut beseitigen kann.

Die sozialistische Ideologie basiert mehr auf der Verteilung als auf der Schaffung von Reichtum. Was der Sozialismus völlig außer Acht lässt, ist, dass wir zuerst Wohlstand schaffen müssen, bevor wir ihn verteilen können. Überall auf der Welt sind sozialistischen Systeme wirtschaftlich kollabiert. Ein typisches Beispiel dafür ist Ostdeutschland. Nach dem Zweiten Weltkrieg wurde Deutschland in zwei Staaten geteilt: In Westdeutschland, mit seinem weitgehend freien Wirtschaftssystem, und in das sozialistische bzw. kommunistische Ostdeutschland. Nach vier Jahrzehnten kommunistischer Herrschaft begann die Infrastruktur in Ostdeutschland zu zerfallen, die Wirtschaft brach zusammen und das Land war nicht mehr imstande, sich selbst zu versorgen. Wir erleben heute dieselbe Entwicklung in Venezuela, einem weiteren Land, das sich dem Sozialismus verschrieben hat.

Aber wie schützt eine Gesellschaft nicht nur das freie Wirtschaftssystem, sondern auch jene Rechte und Freiheiten, auf denen es aufgebaut ist? Ein gangbarer Weg ist, ein nationales Werteprogramm als Teil der Schulbildung zu etablieren, von der ersten Klasse bis zum Ende der Highschool. Die Vermittlung dieser Werte wäre in den unteren Jahrgängen noch sehr einfach und rudimentär und würde dann im Laufe der Jahre immer weiter vertieft.

Die Werte bzw. Prinzipien, die in diesem Programm dem Schüler vermittelt werden, sind zu einem großen Teil in der „Bill of Rights", den ersten zehn Zusatzartikeln zur Verfassung der Vereinigten Staaten festgeschrieben, von der Meinungs- und Religionsfreiheit bis zur Versammlungsfreiheit, die den Menschen das Recht gibt, politische Parteien und Interessengruppen zu bilden. Dieses nationale Werteprogramm würde seinen Fokus aber auch auf andere Aspekte von Freiheit richten, etwa das

Recht, seinen eigenen Weg zum Glück zu gehen oder das freie Wirtschaftssystem an sich, denn die USA sind das letzte Land der Welt, in dem dieses System eine reale Chance zum Überleben hat. **Das freie Wirtschaftssystem ist das Fundament für unsere Gesellschaft: Ohne freiem Wirtschaftssystem kann es keine freie Gesellschaft geben.**

An den amerikanischen Schulen gibt es viele hervorragende und engagierte Lehrer. Ich habe im Laufe meines Lebens viele von ihnen kennengelernt und festgestellt, dass die meisten eine sehr gute Einstellung haben. Wenn es jedoch um die Wirtschaft geht, neigen viele von ihnen dazu, Fehlverhalten mancher Unternehmer besonders hervorzuheben, von Betrug bis zu ausbeuterischer Kinderarbeit. Es ist wichtig, Schüler auf diese Dinge aufmerksam zu machen, aber leider wird viel zu wenig betont, wie wichtig die Wirtschaft für das Funktionieren unserer Gesellschaft ist.

Gewinn sollte kein schmutziges Wort sein. **Wenn ein Unternehmen keinen Profit macht, ist es für niemanden gut: nicht für die Aktionäre und Eigentümer, nicht für die Mitarbeiter und auch nicht für die Gesellschaft insgesamt.** Wenn Unternehmen scheitern, scheitert auch die Gesellschaft. Die Arbeitslosigkeit steigt, was wiederum soziale Not verursacht und den Lebensstandard sinken lässt. Auf eine einfache Formel gebracht: **Wenn die Wirtschaft nicht funktioniert, funktioniert gar nichts**

Ein weiterer wichtiger Punkt im nationalen Werteprogramm sollte neben den Freiheiten und der Bedeutung der Wirtschaft für die Gesellschaft auch die Umwelt und ihre Fragilität sein. Eine weitgehend intakte Umwelt ist Voraussetzung für Leben auf unserem Planeten, sie gibt uns die Nahrung, die wir brauchen, um zu überleben.

In diesem Zusammenhang sollten die Schüler lernen, wie wichtig es ist, gesunde und natürliche Nahrungsmittel zu essen. Als ich ein Kind war, habe ich nie von anderen Kindern mit Allergien gehört, jetzt ist es umgekehrt: Immer mehr haben Nahrungsmittelallergien. Um eine gesündere Gesellschaft zu schaffen, ist es extrem wichtig, unseren Kindern beizubringen, wie wichtig natürliche und chemikalienfreie Lebensmittel sind.

Wie die Gesundheitsstatistiken zeigen, gibt es quer durch alle Bevölkerungsgruppen in Amerika immer mehr Krankheiten. Und das, obwohl die USA pro Kopf doppelt so viel für die Gesundheitsversorgung ausgibt als andere entwickelte Länder. Grund für dieses Missverhältnis, Grund für den Anstieg von Krankheiten, sind meiner Analyse nach, die mit zu vielen Chemikalien belasteten Nahrungsmitteln. Die Amerikaner nehmen jedes Jahr Millionen Kilogramm von Chemikalien, Insektiziden, Pestiziden und Düngemitteln mit ihrer Nahrung auf.

Wir werden zu einer immer kränkeren Gesellschaft, und die Gesundheitsausgaben sind auf dem besten Weg, der größte Posten des Staatshaushaltes zu werden, noch weit vor den Militärausgaben. Der Preis, den wir für die schlechte Gesundheit der Menschen und die vorzeitigen Todesfälle zahlen, ist hoch, weil auch die Wirtschaft darunter leidet. Die Produktivität sinkt und die Steuern müssen angesichts der steigenden Gesundheitskosten weiter erhöht werden. In Kapitel 20 beschreibe ich, wie man meiner Meinung nach bei sinkenden Kosten gleichzeitig den Zugang zur Gesundheitsversorgung verbessen kann.

Das von mir angedachte nationale Werteprogramm wäre auch ein wichtiger Beitrag zur Stärkung unseres Bildungssystems. Wir können aber noch viel mehr tun. Zu den wichtigen Komponenten unseres Bildungssystems sollte auch eine bessere Ausbildung in Bezug auf technische Berufe gehören, die für unsere

Gesellschaft wichtig sind – von Elektrikern und Installateuren bis zu Tischler und Mechanikern.

Es ist entscheidend, dass unsere Jugend diesen Berufen positiv gegenübersteht, da sie in den kommenden zehn Jahren sehr gefragt sein werden. Wenn ich Vorlesungen an Universitäten halte, erzähle ich den Studenten gerne, **dass der Erfolg im Leben nur am Grad des Glücklichseins gemessen werden kann, den man erreicht.** Gleichzeitig erzähle ich ihnen, dass es aufgrund meiner eigenen Erfahrung viel einfacher ist, glücklich zu sein, wenn man genügend Geld hat.

Wenn die Studenten fragen, wie sie Geld verdienen können, rate ich ihnen, sich verschiedene Karrieremöglichkeiten offenzuhalten. Sie müssen sich zunächst praktisches Wissen in der realen Welt aneignen. Wenn sie eine Arbeit oder eine Tätigkeit finden, die sie gerne machen, ist die Chance groß, dass sie gut in ihrem Job sein werden. Und wenn sie sich mehr als der Durchschnitt anstrengen, können sie schließlich zu den Besten auf ihrem Gebiet werden. Egal, um welches Betätigungsfeld es sich handelt, wenn sie zu den Besten gehören, wird das Geld ein automatisches Nebenprodukt dieses Erfolgs sein. Der Bedarf an besserer beruflicher Ausbildung ist einer von mehreren wichtigen Punkten einer notwendigen Bildungsreform, die ich in Kapitel 19 beschreibe.

Eine der großen Gefahren für eine demokratische Gesellschaft ist die wachsende Bürokratie. Ich erinnere mich an die Zeit, als Computer zum ersten Mal auf den Markt kamen. Unternehmen wurde damals versprochen, dass ein Computer die Arbeit einer ganzen Etage von Angestellten erledigen könnte. Jetzt, Jahrzehnte später, sehe ich zehn bis zwanzig Mal mehr Bürohochhäuser, in denen die Mitarbeiter einen großen Teil ihrer Zeit mit der Umsetzung und Einhaltung der unzähligen staatlichen Vorschriften verbringen. Die simple Wahrheit ist: **Je härter Bürokraten arbeiten, desto mehr neue Bürokraten schaffen sie.** Deshalb wird der bürokratische Apparat von Jahr zu Jahr größer.

Wir haben als Gesellschaft die einfache Erkenntnis verdrängt, **dass die Regierungen uns nichts geben können, was sie uns nicht zuvor genommen haben.** Bei diesem Umverteilungsprozess verschwenden sie zudem viel von dem Geld, das sie einnehmen. Selbstverständlich brauchen wir Gesetze zum Schutz der Umwelt oder zum Schutz unserer Gesundheit, aber die meisten der im Laufe der Jahre von den Regierungen und Parlamenten geschaffenen Vorschriften und Gesetze könnten reduziert, vereinfacht und verständlicher gemacht werden.

Wir müssen beginnen, die riesigen Staatsapparate wieder zu verkleinern und die außer Kontrolle geratenen Staatsausgaben einzudämmen. Das können wir schaffen, indem wir eine Task Force gründen, die sich der Reduzierung und Vereinfachung von Gesetzen und Vorschriften widmet, die praktisch alle Bereiche unseres Lebens und unserer Arbeit regeln.

Diese Task Force sollte auch die Bürokraten beim Aufspüren und Beseitigen von Doppelgleisigkeiten und Überschneidungen miteinbeziehen und ihnen großzügige Boni für umsetzbare Einsparungsvorschläge zahlen. Ich diskutiere dieses Thema in den Kapiteln 17 und 18.

Das Steuersystem hat den größten Einfluss auf die Gesundheit und den Zustand der Wirtschaft. Allerdings ist das Steuersystem heute so komplex und undurchsichtig, dass es das Wirtschaftswachstum bremst und Unternehmer wie Steuerzahler massiv belastet. Das sollte zu denken geben: **1913 hatte das ganze US-Steuerrecht Platz auf 27 Seiten. Heute, rund ein Jahrhundert später, liegt die Steuergesetzgebung der USA bei fünfundsiebzigtausend Seiten.**

Schätzungen zufolge, die 2016 vom „Office of Information and Regulatory Affairs" veröffentlicht wurden, verbringen die Amerikaner mehr als 8,9 Milliarden Stunden jährlich damit, die Vorgaben der IRS-Steuererklärung zu erfüllen. Das entspricht einem Jahr Arbeit für 4,3 Millionen Vollzeitbeschäftigte. Die „Tax Foundation", ein unabhängiges Institut für Steuerpolitik, schätzt, dass der wachsende Zeitaufwand für die Einhaltung der Steuergesetze zu jährlichen Produktivitätsverlusten von mehr als 400 Milliarden US-Dollar führt.

In den 1980er-Jahren, als US-Präsident Ronald Reagan zeigen wollte, wie verworren und verschachtelt die US-Steuergesetzgebung ist, zitierte er gerne dieses Beispiel aus 509 (a):

For purposes of paragraph (3), an organization described in paragraph (2) shall be deemed to include an organization described in section 501(c)(4), (5), or (6) which would be described in paragraph (2) if it were an organization described in section 501(c)(3).

§ 509 (a) ist bis heute unverändert, gemeinsam mit Tausenden anderen neuen und nicht nachvollziehbaren Regelungen, die in den vergangenen Jahren hinzugefügt wurden.

Die einzigen, die vom derzeitigen Steuersystem profitieren, sind die Steuerberater und die auf Steuerrecht spezialisierten Anwälte, die mit der Entschlüsselung unserer unglaublich komplexen Steuergesetze viel Geld verdienen.

Diese Experten sind oft dieselben Leute, die an den undurchsichtigen Steuergesetzen mitgewirkt haben. Das ist ein eindeutiger Interessenkonflikt, und es ist erstaunlich, dass es zu diesem Missbrauch unseres Steuersystems noch keinen größeren öffentlichen Aufschrei gegeben hat.

Wir brauchen ein System, das einfach und verständlich ist. Dieses Steuersystem lässt sich nicht über Nacht ändern, deshalb empfehle ich, es schrittweise zu tun. Ein wichtiger Schritt wäre, die Einkommensteuer abzuschaffen und durch eine einfache Verbrauchersteuer zu ersetzen. Die Körperschaftssteuer sollte durch eine einfach zu berechnende Umsatzsteuer abgelöst werden. Wie wir die Steuern reformieren sollten, erkläre ich im Kapitel 14.

Ich glaube, die amerikanische Verfassung ist nach wie vor die beste aller Staaten. Von den Gründervätern formuliert, die Jahre zuvor in der Unabhängigkeitserklärung das Recht der Menschen auf „life, liberty and the pursuit of happiness", also auf Leben, Freiheit und das Streben nach Glück, festgeschrieben hatten. Die Verfassung der Vereinigten Staaten legte den Grundstein für ein demokratisches Regierungssystem, das jeden Amerikaner mehr Rechte und Freiheiten garantiert als jeden anderen Bürger auf dieser Welt.

Im Laufe der Zeit haben fest im System verankerte Parteien gemeinsam mit einer professionellen Klasse von Politikern dieses demokratische System in ihren Würgegriff genommen. Die Folge: Demokratische Prozesse werden behindert, es ist zu einem politischen Stillstand gekommen. Dies entspricht nicht dem Geist der Verfassung und den Intentionen des ersten Präsidenten der Vereinigten Staaten. **George Washington mahnte in seiner Abschiedsrede, die Amerikaner müssten verhindern,**

dass die Parteipolitik den Senat und das Repräsentantenhaus übernehme.

Es gibt einen einfachen Weg, das Problem der Parteipolitik zu lösen und den Bürgern, die ihre Regierungsvertreter wählen, die demokratische Kontrolle zurückzugeben. Mehr dazu in Kapitel 16.

Dieses Buch ist ein Fahr- und Bauplan für eine ideale Gesellschaft. Das war auch wichtigster Grund, warum ich dieses Buch geschrieben habe. **Ich denke, dass Amerika die besten Voraussetzungen für die Schaffung einer idealen Gesellschaft hat.**

Zuerst gilt es aber, ein großes Problem zu überwinden. Eines, das sich wie ein Krebsgeschwür ausbreitet: die Armut in unseren Innenstädten. Nichts von dem, was wir im letzten halben Jahrhundert versucht haben, hat funktioniert. In Kapitel 22 schlage ich eine neue und einzigartige Lösung vor: die städtische Landwirtschaft. Das würde nicht nur sinnvolle Arbeitsplätze schaffen, sondern auch den Bewohnern dieser von Armut geplagten Viertel Stolz und Hoffnung geben.

Die vielen in diesem Buch vorgeschlagenen Reformen können nur in einer friedlichen und harmonischen Umgebung umgesetzt werden. Frieden ist die Grundvoraussetzung, um das Fundament errichten zu können, auf dem man eine ideale Gesellschaft aufbauen kann. In unserer derzeitigen Weltordnung ist der Frieden vom gegenseitigen Respekt und der Kooperation der drei Supermächte der Welt abhängig: Amerika, Russland und China. Ich diskutiere in Kapitel 25 einige Ideen, wie wir die Spannungen zwischen diesen drei Mächten abbauen können.

In den darauffolgenden Kapiteln analysiere ich verschiedene

Problembereiche unserer Gesellschaft, und wie man sie lösen kann. Viele Lösungsvorschläge basieren auf dem gesunden Menschenverstand. Einige sind innovativ. Und alle sind einfach umzusetzen. Es sind nachvollziehbare und klare Ideen, die jeder verstehen kann.

Es gibt viele Denkfabriken und Institutionen mit Experten, die sich mit einem breiten Spektrum an Themen, von der Sozialwissenschaft und Politik bis zur Wirtschaft, beschäftigen. Sie denken viel, tun aber wenig. Was wir brauchen sind „do tanks" – Organisationen und Menschen, die nach neuen und innovativen Wegen suchen, um praktisches, vernünftiges Denken durch effektives Handeln in die Praxis umzusetzen.

Ich habe stets nach dem Prinzip gehandelt, Probleme zu identifizieren, um sie dann mit den entsprechenden Maßnahmen zu lösen. **Wenn die Dinge nicht funktionieren, wie sie sollten, sei es in Ihrem persönlichen Leben, Ihrem Berufsleben oder in Ihrem Land, sollten Sie zumindest wissen, dass Sie ein Problem haben. Wenn Sie nicht wissen, dass Sie ein Problem haben, dann haben Sie wirklich ein Problem.** Und Probleme sind wie Krebs: Unbehandelt, sprich: ungelöst, wachsen sie immer weiter.

Ich würde niemals behaupten, auf alle Fragen Antworten zu haben oder dass meine Lösungen die einzig richtigen seien. Im Gegenteil, ich möchte vor allem den Dialog und die Diskussion anregen. Wir müssen erkennen, dass die Suche nach Lösungen und Strategien, um diese Welt besser zu machen, ein fortlaufender und immerwährender Prozess ist.

Je weiter wir in die Geschichte zurückblicken, desto weiter können wir auch in die Zukunft sehen. Die meisten Menschen sind so damit beschäftigt, die Herausforderungen des täglichen Lebens zu meistern, dass sie kaum Zeit zum Nachdenken haben. Junge Menschen schauen kaum zurück - sie sehen nur die Zukunft. Das war immer so. Auch wenn man ein eigenes Unternehmen gründet, ist man so damit beschäftigt, das Geschäft zu führen, dass kaum Zeit für etwas anders bleibt. Ich weiß das aus eigener Erfahrung.

Ich bin vom Glück verwöhnt. Ich bin fünfundachtzig Jahre jung, gesund, fit und noch immer in geschäftliche Dinge involviert. Aber ich bin langsamer geworden, ich habe nun die Zeit, um innezuhalten und die Rosen zu riechen. Gleichzeitig arbeitet mein Verstand noch immer auf Hochtouren. Und ich habe mich in letzter Zeit intensiv mit der Frage nach dem Sinn des Lebens beschäftigt.

Wir Menschen sind mit außergewöhnlichen Sinnen ausgestattet, haben ein Gewissen, eine Seele und die Fähigkeit, zwischen Gut und Böse zu unterschieden. Ich glaube nicht, dass eine hochentwickelte Spezies wie der Homo sapiens einem über Milliarden von Jahren andauernden evolutionären Prozess aus kleinen Organismen entstanden ist. Ich glaube, es gibt andere Kräfte im Universum, die wir Menschen niemals verstehen werden.

Trotzdem glaube ich an das Gute. Und die großen Religionen der Welt basieren ebenfalls auf dieser Grundlage. Jeder soll seinen eigenen Weg zum Glück finden, ohne andere daran zu hindern, dasselbe zu tun. Das ist meine Lebensphilosophie. Und jeder Mensch soll auch seinen eigenen Weg zu Gott finden. Aufgrund dieser tief verankerten Überzeugungen glaube ich, dass der Sinn des Lebens darin besteht, dass wir als Menschen versuchen sollten, jeden Tag einen Beitrag entsprechend unseren Möglichkeiten und Fähigkeiten zu leisten, unsere Welt besser zu machen.

Unsere Welt steht immer unter dem Einfluss und im Spannungsfeld des Geistes der Güte und des Geistes des Bösen. Deshalb habe ich in Florida ein massives Bronzemonument namens *Pegasus and Dragon* gebaut. Die Skulptur stellt eindrucksvoll den geflügelten Hengst der griechischen Mythologie im Kampf mit einem feuerspeienden Drachen dar. Das Denkmal ehrt nicht nur das Pferd für seine Dienste an der Menschheit, es soll den Geist und das Denken all jener anregen und inspirieren, die davorstehen.

Das Monument ist Mythos und Fantasie, es ist ein Symbol des kosmischen Kampfes, der unsere Geschichte geprägt hat und unsere Zukunft bestimmt: das Aufeinanderprallen der Kräfte von Gut und Böse, Schöpfung und Zerstörung, Licht und Dunkelheit. Viele jener Probleme, denen wir heute gegenübersehen, haben ihre Wurzeln in diesem uralten und ewigen Konflikt. Jeder von uns hat damit zu kämpfen, das Richtige zu tun, zu entscheiden, was gut und richtig ist bzw. was anderen oder unserem Planeten Schaden zufügt.

Das Monument war für mich der Auslöser, um darüber nachzudenken, woher wir kommen und wohin wir gehen. Es ließ mich über unsere Reise auf diesem Planeten nachdenken, über unsere Vergangenheit, die bis in die Vorgeschichte zurückreicht, und über unsere Zukunft. Je mehr ich mich mit dem Design und der Konstruktion dieser monumentalen Statue beschäftigte, desto tiefer tauchte ich in die Mythen und Aussagen ein, die sie repräsentiert. Was lehren uns die alten Mythen, Sagen und Schriften über unsere Ursprünge und unsere Natur?

Es gibt viele Fragen, auf die wir die Antwort nie wissen werden. Die menschliche Intelligenz setzt uns Grenzen, trotz unseres unstillbaren Durstes, immer mehr über jeden Aspekt unseres Daseins zu erfahren. Die Fragen, die ich mir stellte und die Faszination für die zeitlosen Wahrheiten veranlassten mich, über die ideale Gesellschaft nachzudenken. Können wir eine solche Gesellschaft verwirklichen, und wenn ja, wie kommen wir dorthin?

Obwohl wir vor vielen Herausforderung stehen, von Krieg und Armut bis hin zu Unterdrückung und Umweltzerstörung, glaube ich, dass es möglich ist, eine ideale Gesellschaft aufzubauen, eine Gesellschaft, die allen Menschen die gleichen Chancen bietet, die Demokratie und Freiheiten garantiert, eine Gesellschaft, in der niemand Hunger leiden muss und jeder Zugang zu medizinischer Versorgung und einem Dach über dem Kopf hat.

Nach einer langen und erfolgreichen Karriere möchte ich mein Wissen und meine Erfahrung, wie man diese Ziele erreichen kann, weitergeben. Dieses Buch ist das Ergebnis des aufrichtigen Wunsches, der Gesellschaft etwas zurückzugeben. Auf den folgenden Seiten beschreibe ich die verschiedenen Bausteine einer idealen Gesellschaft, einer freien, gesunden und wirtschaftlich prosperierenden Gesellschaft, die jedem Einzelnen die Möglichkeit gibt, seinen Weg zum Glück zu finden.

Mit der Umsetzung meiner Vorschläge und Strategien könnten wir den derzeit eingeschlagenen destruktiven Weg verlassen, der uns direkt in Kriege, Armut und Umweltzerstörung führt. Stattdessen sollten wir die Rahmenbedingungen für eine bessere Welt und eine bessere Zukunft für unsere Kinder und Enkelkinder schaffen.

Frank Stronach

Adena Farms
Ocala, Florida

Kapitel 1

Einleitung

„Wir stehen am Beginn eines bedrohlichen Zeitalters, in dem ein falscher Schritt zum Zusammenbruch ganzer Zivilisationen und zur unwiderruflichen Zerstörung unseres Planeten führen kann. Gleichzeitig besitzt der menschliche Geist ein unglaubliches Potential an positiver Energie. Das ermöglicht uns, die nächste Entwicklungsstufe der menschlichen Evolution zu erreichen."

Fährt man am U.S. Highway 1 die Atlantikküste Floridas entlang, taucht sie plötzlich über den Palmen auf: die größte Pferdeskulptur der Welt, Pegasus und der Drache. Dieses Bronzemonument beim Eingang zum Gulfstream Park bei Hallandale verkörpert den Mut, die Stärke und die Geschwindigkeit des Pferdes. Mit einem Gewicht von über 715 Tonnen und einer Höhe von etwa 30 Metern ist sie eine der größten Bronzestatuen, die jemals errichtet wurde. Pegasus, das geflügelte Pferd aus der griechischen Mythologie, steht triumphierend über dem besiegten Drachen.

Die Idee für dieses Projekt kam mir vor etwa zehn Jahren. Der Gulfstream Park ist ein wichtiges Zentrum des Pferderennsports. Im Zuge seiner Neugestaltung wollte ich etwas Einzigartiges und Richtungsweisendes schaffen, das den Pferderennsport in das 21. Jahrhundert bringt. Die Vision war ein Unterhaltungs- und Entertainmentpark, inspiriert von Las Vegas und einem Hauch von Disney. Für Unterhaltung sorgt ein Casino mit rund 850 Glücksspielautomaten, Pokertischen und Luxussuiten sowie Liveshows. Exklusive Einkaufsmöglichkeiten und exklusive Restaurants verwandeln die Anlage in ein einzigartiges Erlebnis. Der Vergnügungspark neben der Rennbahn setzt ebenfalls auf das Thema Pferd.

Der bronzene Pegasus ruht auf einer Kuppelkonstruktion, in der ein Kinosaal untergebracht ist. Künftig werden die Besucher dort die filmische Umsetzung des Kampfes zwischen Pegasus und dem Drachen erleben können. Ein Kampf, der die zeitlosen Themen und Konflikte, die auch in diesem Buch behandelt werden, symbolisiert.

Während der Planung dieses Großprojekts kam mir erstmals die Idee für eine gewaltige Pferdeskulptur als Herzstück des Themenparks. Sie sollte das Pferd und den Beitrag, den diese Tiere zur Menschheitsgeschichte geleistet haben, entsprechend würdigen: von den Kampfwägen und deren Gespannen in Rom bis hin zu der Erschließung des Wilden Westens durch die Cowboys. Um dem edlen Charakter und der Stärke des Pferdes gerecht zu werden, sollte etwas Fantastisches, Heroisches und Episches geschaffen werden. In Zusammenarbeit mit dem amerikanischen Künstler Mark Kara entstand vor fünf Jahren der Rohentwurf des Pegasus, eine zentrale Heldenfigur der griechischen Mythologie. Triumphierend erhebt er sich über einen im Kampf bezwungenen Drachen.

Auf Basis dieser ersten Skizzen begannen wir Tonfiguren des Pegasus herzustellen, um einen Eindruck zu erhalten, wie die Skulptur in voller Pracht aussehen würde. Viele warnten mich, eine Statue dieser Größe könne unmöglich errichtet werden. Wir hielten trotz aller Zweifel an unseren Plänen fest. Ummantelt mit edlem Metall und größer als die Freiheitsstatue werden Pegasus und der Drache nun möglichst alle Zeiten überdauern.

Unter Anleitung der jahrhundertealten Kunstgießerei Strassacker wurde der Rahmen der Skulptur in Deutschland gefertigt. 500 Arbeiter waren daran beteiligt. Etwa 4.750 Stahlteile und 1.250 Bronzesegmente wurden nach Florida verschifft. Die Bronzestatue ist so konstruiert, dass sie selbst den Naturgewalten eines Hurricanes standhält. Der äußere Bronzemantel hat ein Gewicht von etwa einer Viertelmillion Kilogramm.

Um der Statue ihren besonderen Glanz zu verleihen und um sie für die Ewigkeit erstrahlen zu lassen, wurde sie mit einem Sandstrahlgebläse bearbeitet und eine Patina aufgetragen. Der Prozess des Planens und des Bauens war so intensiv und aufwendig wie die Skulptur selbst. Dieses atemberaubende Monument spiegelt die Arbeit von Hunderten Arbeitern, zahlreichen weltbekannten und renommierten Künstlern, Handwerkern und Schweißern wider. Fünfundzwanzig Frachtcontainer waren notwendig, um die Einzelteile nach Florida zu verschiffen. Zahlreiche Planungsschritte und Produktionstechniken waren notwendig, um den Pegasus zu errichten. Flüssige Bronze, so heiß wie Vulkanlava, musste in unzählige Sandformen gegossen werden.

*Pegasus und der Drache, die welt-
größte Pferdeskulptur, ist zehn
Stockwerke hoch und 715 Tonnen
schwer*

Dieses Projekt hat viel Einsatz von mir verlangt. Immer wieder werde ich gefragt, warum ich all das auf mich genommen habe. In erster Linie wollte ich etwas schaffen, das monumental, spektakulär und gleichzeitig unterhaltsam ist. Eine einzigartige Pferdewelt für die ganze Familie. Der Pegasus ist das Herzstück eines Vergnügungsparks, voller Attraktionen rund um das Thema Pferd.

Darüber hinaus sollte etwas entstehen, das die wichtige Rolle des Pferdes in der Geschichte der Menschheit hervorhebt. Um die Jahrhundertwende, vor der Erfindung des Autos, lebten die meisten Amerikaner auf Farmen. Und die meisten von ihnen hatten Pferde. Sie waren ein fester und unverzichtbarer Bestandteil des damaligen Lebens, die Beziehung zwischen Mensch und Pferd war eng und tief verwurzelt. Die Menschen schätzen und liebten die Pferde. Dieses Band droht in der heutigen hochtechnologisierten Welt, gänzlich zu zerreißen.

Seit ihrer Enthüllung im Jahr 2016 zieht die Pegasus-Skulptur Menschen in ihren Bann. Innerhalb kürzester Zeit wurde sie zu einem Wahrzeichen Floridas. Pegasus und der Drache sind aber weit mehr als nur eine Touristenattraktion. Dieses Monument steht sinnbildlich für den Kampf zwischen Gut und Böse. Ein Kampf, der so alt ist wie die Menschheit selbst.

Pegasus symbolisiert das Gute, er verkörpert Tugend und Kraft. Der Drache ist der Inbegriff des Bösen, das es zu überwinden und zu besiegen gilt. Egal ob Jung oder Alt, teilen wir nicht alle die Bewunderung für die Eleganz und Stärke des Pferdes? Wer ist nicht fasziniert von Drachen? Wer brennt nicht für den Triumph des Guten über das Böse. Der Pegasus repräsentiert all jene Qualitäten, die wir achten und schätzen: Schönheit, Kraft, Schnelligkeit und Gewandtheit.

In dem feuerspeienden Drachen hingegen manifestieren sich unsere dunklen Eigenschaften: Zorn, Boshaftigkeit, Angst und mutwillige Zerstörung. Diese mythologischen Figuren ziehen die Menschen - unabhängig von ihrer Herkunft, ihres Glaubens und ihrer Kultur - in ihren Bann. Der ewige Kampf zwischen Gut und Böse, zwischen Schöpfung und Zerstörung wird die Menschheit immer begleiten und nie an Relevanz verlieren. Dieser Konflikt ist nicht nur zentrales Thema aller großen Weltreligionen und der klassischen Literatur, sondern er ist der Strang, der sich durch unsere gemeinsame Vergangenheit zieht.

Völkermord, Unterdrückung, Krieg und Gewalt prägten das vergangene Jahrhundert, nicht zuletzt durch die technischen „Errungenschaften" von Massenvernichtungswaffen. Trotz all dieser unfassbaren Brutalität und des Bösen selbst ist der menschliche Wille, eine bessere Welt zu erschaffen, ungebrochen. Allen Widrigkeiten zum Trotz glauben wir, dass das Gute über das Böse triumphieren kann.

Das ist aber nicht der einzige Konflikt, der die Geschichte und die Zukunft der Menschheit bestimmt. Der Kampf zwischen Freiheit und Unterdrückung, zwischen Individualismus und Kollektivismus und das Aufeinanderprallen von Demokratie und Totalitarismus sind Konflikte, denen wir uns ebenfalls zu stellen haben. Diese allgegenwärtigen Auseinandersetzungen überlagern noch tiefer liegende, uralte Gegensätze: Schöpfung und Zerstörung, Wissen und Ignoranz, Gesundheit und Krankheit. Dazu kommt der Wunsch, unsere Natur und Umwelt zu erhalten, in einer Welt, die uns immer künstlicher erscheint. All diese Konflikte und Spannungen sind Teil unserer gemeinsamen Geschichte und unserer Sehnsüchte.

Als Kind sah ich die Ausmaße menschlicher Brutalität in Gestalt des Faschismus: erst unter den Nazis, dann unter der kommunistischen Sowjetunion. Schon damals fragte ich mich: Warum verhalten sich Menschen so, warum tun sie das? Warum wollen sie andere unterdrücken und ihnen schaden? Liegt es in der Natur des Menschen oder wird es uns durch diejenigen, die an der Macht sind und erobern wollen, anerzogen?

Menschen können böse und voller Hass sein, gleichzeitig besitzen sie die Fähigkeit, selbstlos und gut zu sein. Diese Gegensätzlichkeit ist tief im Menschen verwurzelt und beschäftigt uns seit Anbeginn der Zeit. Mit dem Monument der mythologischen Figuren von Pegasus und dem Drachen wurde ein zeitloses Sinnbild dieses Kampfes geschaffen. Dieses Buch erkundet und analysiert die Wurzeln und Hintergründe dieses ewigen Konflikts und versteht sich als Anleitung für eine bessere Welt.

Ohne ein Konzept können wir die verschiedenen Bausteine nicht zusammenfügen, die notwendig sind, um eine ideale Gesellschaft Wirklichkeit werden zu lassen.

Das Wichtigste: Dieses Buch zeigt, dass die Menschheit an einem Scheideweg angekommen ist, und es beschreibt, welche Schritte notwendig sind, um die nächste Stufe der Evolution zu erreichen. Wir treten in eine bedrohliche Phase der Menschheitsgeschichte ein, in ein Zeitalter, wo ein falscher Schritt, eine falsche Entscheidung zum Zusammenbruch ganzer Zivilisationen und zur unwiderruflichen Zerstörung unseres Planeten führen können. Gleichzeitig besitzt die menschliche Seele aber ein unglaubliches Potential an positiver Energie, die es uns erlaubt, die Menschheit auf eine höhere Stufe zu heben.

Dieses Buch versucht, seine Leser zu inspirieren, nach höheren Zielen für die gesamte Menschheit zu streben. Wir alle sind gefordert, das Gute zu erkennen und das Böse zu überwinden, damit das Gute am Ende siegen kann.

Kapitel 2

Die Entstehung des Universums: Die Suche nach dem Sinn des Lebens

„Die Naturgesetze streben nach Balance und Equilibrium, und die Gesetze der Natur sind immer stärker als die Gesetze der Menschen.“

W enn wir nachts hinauf in den sternenbedeckten Himmel blicken, überkommt vielen von uns ein Gefühl der Ehrfurcht. Wir stellen uns existenzielle Fragen, Fragen nach unserer Herkunft und unserer Zukunft: Woher kommen wir? Wohin gehen wir? Gibt es Leben jenseits unseres Planeten? Werden wir die vielen Geheimnisse des Universums entschlüsseln, wenn wir eines Tages in der Lage sein werden, andere Planeten und Galaxien zu erreichen?

Auch wenn wir nicht wissen, ob wir jemals befriedigende Antworten auf diese und andere Fragen bekommen werden, eines ist sicher: Wir haben die Möglichkeit und die Macht, die Welt in der wir leben, zu verbessern.

Ursprung und Größe des Universums werden für den Menschen wohl immer geheimnisvoll bleiben. Ungewiss ist auch, ob es einen Anfang und ein Ende gibt. Letztlich, und das ist meine Überzeugung, ist alles eine Frage des Glaubens: Sei es der Glaube an einen guten und allmächtigen Schöpfer oder daran, dass das Universum aufgrund von Billionen ineinandergreifender Evolutionsprozesse über Milliarden von Jahren entstanden ist.

Es erscheint mir unvorstellbar, dass der Ursprung der Menschheit in mikroskopisch kleinen Zellen liegt, selbst in Anbetracht einer Millionen Jahre andauernden Evolution. Sollten wir die letzte Stufe der Evolution sein, stellt sich trotzdem die Frage: Haben wir ein Bewusstsein oder eine Seele, die ewig besteht? Oder bedeutet es nur, dass wir nach unserem Tod wieder ein Teil der Erde werden und unsere kurze Existenz mit dem Tod für immer vorbei ist?

Und da ist die Frage aller Fragen: Wenn Gott tatsächlich existiert, wer hat ihn erschaffen? Letztendlich, davon bin ich überzeugt, werden wir niemals die Antwort auf die Frage, woher wir kommen und wohin wir gehen, erhalten. Es gibt keine absolute Gewissheit. Wir werden die Gesetze des Universums, die unsere Existenz und die Existenz allen Lebens beherrschen, wohl nie völlig ergründen.

Neben dem Mysterium um Gott und die Unendlichkeit gibt es noch viele weitere Fragen, mit denen wir uns im Laufe unseres Lebens beschäftigen. Allen voran: Ist das Universum, die Welt, in der wir leben, gut und edel oder grausam und gleichgültig? Diese Frage steht seit Anbeginn der Menschheit im Raum. Immer wieder erleben wir zerstörerische Naturkatastrophen, von Erdbeben und Tornados bis hin zu sintflutartigen Überschwemmungen und Bränden. Menschen verlieren ihr Leben, ihre Lebensgrundlagen, und oft werden ganze Dörfer und Städte zerstört.

Tag für Tag hören und lesen wir von persönlichen Tragödien und Schicksalen: schreckliche Autounfälle, ein Ertrunkener am Strand, Gewaltverbrechen oder willkürliche Terrorakte. Trotzdem glaube ich, dass die guten und positiven Dinge dieser Welt die negativen überwiegen. Abgesehen von Ausnahmen sind wir selbst der Schmied unseres Glücks. Wir haben die Verantwortung und die Möglichkeit, unsere Zukunft selbst zu gestalten.

Es ist ebenso unbestreitbar, dass manche Menschen mehr Glück als andere haben. Sie werden gesund geboren, wachsen unter besseren Umständen und in einer besseren Umgebung auf. Manchmal ist das Leben ungerecht. Menschen leiden oder ihr Leben findet ohne eigenes Verschulden ein frühes Ende. Ein Kind, das von einer schweren Krankheit befallen wird oder ein Teenager, bei dem sich ein unheilbarer Krebs entwickelt. Dennoch bin ich trotz des Leids, des Elends und der Unglücksfälle der festen Überzeugung, dass die Welt im Großen und Ganzen gut ist. Ich entscheide mich bewusst dafür, an das Gute zu glauben. Das Leben würde sonst jegliche Bedeutung, jeglichen Sinn verlieren und zu einer unerträglichen Bürde werden.

In den letzten Jahrtausenden haben sich viele Religionen über die Erde verbreitet. Es wurden Tempel, Gebetshäuser und Kultstätten errichtet, für das Christentum, den Islam, den Buddhismus, das Judentum, den Hinduismus und andere Glaubensrichtungen. Wer diese Religionen genauer unter die Lupe nimmt, erkennt, dass sie einige Gemeinsamkeiten haben: Sie lehren und bewahren einen Moral- und Verhaltenskodex, sie glauben an ein überlegenes Wesen oder einen Gott, an die Existenz einer unsterblichen Seele und sie alle predigen das Streben nach dem Guten.

Doch nicht nur die großen Religionen beschäftigen sich mit dem ewig während Konflikt zwischen Gut und Böse, Gott und Teufel, Himmel und Hölle. Zahlreiche literarische Werke, Schriften, Fabeln und Geschichten drehen sich um ebendiesen Kampf. Gleichzeitig gibt es in all diesen Religionen das Konzept der ewigen Bestrafung bzw. der immerwährenden Belohnung, das die Menschen je nach ihrem Verhalten auf Erden erwartet: Himmel oder Hölle, Paradies oder Verdammung.

Ich bin der Überzeugung, dass Menschen mit dem Instinkt geboren werden, nach dem Guten zu streben. Die große Hoffnung, die wir wohl alle hegen und an die wir uns klammern, ist, dass es mehr Gutes als Schlechtes auf dieser Welt gibt. Letztendlich wird die Menschheit von der allgegenwärtigen Hoffnung getragen, dass wir Schicksalsschläge und Katastrophen nicht nur überstehen, sondern dass wir aus ihnen lernen, eine bessere Welt und eine bessere Zukunft zu gestalten.

Menschen haben den Willen, das Bewusstsein und die Intelligenz, die Gesellschaft weiterzuentwickeln, einen Ort zu erschaffen, an dem Frieden und Gerechtigkeit herrschen. Kurz: Wir besitzen die Fähigkeit, eine ideale Gesellschaft zu kreieren.

Wenn wir all die Lebewesen auf unserem Planeten betrachten – vom winzigen Bakterium über die Insekten und Vögel bis hin zu den Säugetieren –, so scheint es, als würde ihr Dasein einen bestimmten Zweck erfüllen. Vögel und Bienen helfen bei der Befruchtung von Pflanzen und Bäumen. Würmer helfen, den Boden aufzulockern. Plankton reinigt die Ozeane, dient als Nahrungsquelle für andere Tiere und produziert rund die Hälfte des Sauerstoffs in unserer Atmosphäre. Tausende verschiedene Arten von Tieren und Pflanzen erfüllen wichtige Aufgaben, auch wenn uns die Rolle eines Organismus im größeren Zusammenhang manchmal verborgen bleibt. Dennoch können wir mit hoher Wahrscheinlichkeit davon ausgehen, dass jede Lebensform, egal wie klein und primitiv oder wie groß und entwickelt sie auch ist, zu einem bestimmten Zweck geschaffen wurde, um eine Rolle im ewigen Kreislauf der Natur zu spielen.

Aber was ist mit uns? Was ist der Sinn unseres Daseins? Welche Rolle spielen die Menschen, was ist unsere Bestimmung? Es ist meine tiefe Überzeugung, dass wir auf diesen Planeten gesandt wurden, um etwas zu den wunderbaren Schöpfungen beizutragen, die uns das Universum geschenkt hat. Die Natur hat uns üppige Wälder und Wiesen geschenkt, aber wir sind die einzige Spezies auf diesem Planeten, die den Lauf eines Flusses verändern kann, um Wasser an Orte zu bringen, an denen es noch nie geflossen ist. Nur wir sind in der Lage, einst dürre Wüsten erblühen zu lassen. Ich glaube, dass wir die Hüter dieses wunderschönen, blauen Planeten am äußeren Rand der Milchstraße sind. Uns wurde die Aufgabe übertragen, auf die Welt, in der wir leben, aufzupassen und sie zu verbessern. Doch wir kommen dieser Verpflichtung nicht nach.

Obwohl wir vielleicht niemals die Ursprünge des Universums oder den Sinn unseres Daseins verstehen werden, wissen wir dennoch, dass das Universum auf dem Prinzip des Gleichgewichtes beruht. Dem Gleichgewicht zwischen Tag und Nacht, Hitze und Kälte, Nässe und Trockenheit. Dieses Gleichgewicht der Kräfte wurde schon in dem historischen Tao-Symbol Yin und Yang dargestellt. Es ist ein markantes Bild zweier gegensätzlicher Kräfte, die für immer miteinander verwoben und verflochten sind.

Gleichgewicht führt zu Symmetrie, Ordnung und Frieden. Ungleichgewicht hingegen zu Unruhe und Unordnung. Eines der obersten Gebote der Natur ist das ständige Streben nach Ausgewogenheit. Es ist ein Impuls, den jedes Lebewesen fühlt. Deshalb müssen wir uns die Frage stellen: Kann die Menschheit ein Gleichgewicht der Kräfte schaffen, um Konflikte und Chaos, die unsere Welt immer mehr prägen, einzudämmen?

Auch als Individuen suchen wir nach der richtigen Balance in unserem Leben. „Balance" ist ein wichtiges Wort in meinem Vokabular und ich bin überzeugt, dass diese Suche nach Balance, nach Ausgeglichenheit auch unsere Gesellschaft, unsere Regierung und unsere Wirtschaft leiten sollte. Ausgeglichenheit bedeutet weniger große Vermögensunterschiede, weniger Kriege und Konflikte und eine Reduktion der Armut. Je größer die Unterschiede und das Ungleichgewicht zwischen den Menschen, desto mehr Leid.

Die Natur strebt immer nach Ausgleich und ihre Gesetze sind wesentlich stärker als jene der Menschen. Dennoch kann sie sehr grausam sein: von Erdbeben und Tornados bis zu Waldbränden und Überflutungen. Die Kräfte der Natur können vielen unschuldigen Menschen das Leben kosten. Diese destruktive Kraft erscheint auf den ersten Blick grausam und sinnlos, gleichzeitig ist sie aber ein notwendiger Teil des natürlichen Gleichgewichts. Waldbrände können massive Verwüstungen verursachen und riesige Landteile niederbrennen, doch aus der Asche erwächst neues Leben.

Ich habe bereits erwähnt, dass wir häufig selbst die Ursache unseres Leides und unserer Probleme sind, die unseren Frieden und unseren Wohlstand zunichtemachen. Die Wahrheit ist, dass wir ohne ein Kräftegleichgewicht noch mehr Katastrophen, Unruhen, Umweltzerstörung und Krieg erleben werden. Je mehr wir für Balance sorgen, desto größer ist unsere Chance, eine ideale Gesellschaft zu erreichen. Das ist eine nie endende Herausforderung, da jede Form von Balance, die wir erreichen, extrem fragil ist. Ohne unsere ständige Umsicht wird sie schnell wieder in Chaos umschlagen.

Im vorangegangenen Kapitel habe ich erklärt, warum ich die zwei mythologischen Kreaturen, Pegasus und den Drachen, gewählt habe, um den Kampf zwischen Gut und Böse, Licht und Dunkelheit und die damit verbundene ewige Suche nach dem Gleichgewicht zwischen den entgegengesetzten Kräften im Universum darzustellen.

Der Kampf zwischen diesen beiden Wesen symbolisiert für mich den inneren Konflikt, den wir jeden Tag als Individuen und im Gesellschaftskollektiv austragen. Im antiken Griechenland wurde eines der bedeutendsten Sternbilder nach Pegasus benannt. Auch heute noch, viele Tausend Jahre später, können wir, wenn wir bei Nacht in den Himmel blicken, das Sternbild des Pegasus erkennen.

Der griechischen Sage zufolge wurde Pegasus von Zeus dort platziert, nachdem er von der Erde in den Olymp zurückgekehrt war. Vielleicht als Anerkennung für einen treuen Freund der Menschheit oder um uns daran zu erinnern, unseren Stolz und unsere Arroganz zu zügeln. Der größte aller Pegasus-Mythen besagt, dass es dem Krieger Bellerophon gelang, Pegasus zu zähmen. Gemeinsam zogen sie in die Schlacht gegen Chimaera, ein feuerspeiendes Monster, einem Drachen ähnlich. Beflügelt durch seinen Sieg verfiel Bellerophon der Selbstherrlichkeit und Arroganz. Auf dem Rücken des Pegasus wollte er in den Olymp fliegen, um dort unter den Göttern zu leben. Auf dem Weg in den Himmel fiel er jedoch vom Rücken des Pferdes und stürzte auf die Erde. Vermutlich sind wir Bellerophon ähnlicher, als wir uns eingestehen wollen.

Vielleicht brauchen auch wir eine mahnende Erinnerung daran, dass wir nicht so gottgleich sind, wie es uns manchmal scheint

und geradewegs auf unseren Niedergang zusteuern. Diesen Mythen leben über Generationen hinweg fort. Sie beinhalten eine
zeitlose Wahrheit über unsere Natur und unser Dasein. Wir
sind eine einzigartige Spezies: Homo sapiens bedeutet „wei-
ser Mensch". Unter allen Lebewesen haben wir als einzige die
Intelligenz und die Fähigkeit, eine perfekte Welt zu schaffen.
Eine Welt ohne Krieg und Armut, in der sich Menschen gegenseitig respektieren und lieben und in Frieden zusammenleben.
Gleichzeitig besitzen wir aber auch die Macht, jegliches Leben
auf diesem Planeten zu vernichten. Mit jedem Tag zeigt sich
deutlicher, dass wir uns einer Grenze genähert haben. Ein falscher Schritt könnte genügen, und es ist für immer zu spät.

Wir verpesten unsere Luft, unser Wasser und unser Essen mit
Abgasen, Chemikalien und Giften. Hunderte Tierarten sind
vom Aussterben bedroht, weil wir ihre natürlichen Lebensräu-
me zerstört haben. Wir häufen nukleare Massenvernichtungswaffen mit einer nie dagewesenen Zerstörungskraft an. Wir
sind am besten Weg, unsere Erde für immer zu zerstören. Die
entscheidende Frage, die sich die Menschheit heutzutage stellen sollte, ist: Wird unsere Zukunft das Paradies auf Erden oder
eine Höllenwelt, gekennzeichnet von Krieg, Hunger, Krankheit
und Armut? Ich hoffe, dass wir uns für den Weg zu einer besseren Welt entscheiden werden.

Es ist unser Schicksal. Es ist unsere Bestimmung.

Kapitel 3

Strategien zur Realisierung einer idealen Gesellschaft

„Ohne eine konkrete Vorstellung über die ideale Gesellschaftsstruktur können wir die Bausteine, die notwendig sind, um diese Struktur zu verwirklichen, nicht zusammensetzen.“

D as Leben war mir gegenüber immer sehr großzügig. Abgesehen von den Entbehrungen in jungen Jahren habe ich mehrere erfolgreiche Unternehmen gegründet. Das hat mir die wirtschaftliche Freiheit und jene Unabhängigkeit gegeben, die ich mir immer gewünscht habe. Diese Freiheit bedeutet mir viel mehr, als es materielle Besitztümer, verliehene Preise oder Auszeichnungen jemals könnten.

Im Alter beginnen die meisten von uns über den Sinn unserer Existenz nachzudenken und darüber zu reflektieren, wie erfüllt und bedeutungsvoll wir unser Leben geführt haben. Ich bin nun in einer Phase meines Lebens angekommen, in der ich mich wiederholt frage, wie ich mit all meinen Erfahrungen und meinem Erfolg einen Beitrag zur Verbesserung dieser Welt leisten kann und wie eine ideale Gesellschaft aussehen könnte.

Ich sehe und analysiere Situationen sehr konkret und ich setze realistische Maßnahmen, um Dinge besser zu machen, damit sie funktionieren. Ich habe einen weltweit tätigen Autozulieferkonzern von Null aufgebaut und mich dabei stets auf eine Formel verlassen: „Ein besseres Produkt zu einem besseren Preis.“ Die

Herausforderung, ein einzigartiges Qualitätsprodukt zu produzieren, hat mich stets angetrieben, noch besser zu werden. Ich wusste, dass ich den Kunden nur dann überzeugen kann, wenn meine Ware nicht nur in Design, Funktionalität und Haltbarkeit besser ist als die der Konkurrenz, sondern auch günstiger im Preis. Mein beruflicher Erfolg basierte maßgeblich auf diesem Grundprinzip.

Um eine ideale Gesellschaft verwirklichen zu können, brauchen wir eine konkrete Leitlinie und klare Zielvorgaben. Dieses Buch ist mein Versuch, ein intellektuelles Fundament und Rahmenbedingungen für eine ideale Gesellschaft zu schaffen. Im vorangegangenen Kapitel bin ich auf die einer solchen Gesellschaft zugrundeliegenden Fragen nach Sinn und Wahrheit eingegangen. Nun möchte ich aufzeigen, welche Kernelemente notwendig sind, um eine bessere Welt zu schaffen.

Die entscheidende Frage ist: Was müssen wir tun, um die Zerstörung unseres Planeten aufzuhalten und die Menschheit auf den Weg in eine friedliche, harmonische und erfolgreiche Zukunft zu bringen? Ich denke, dass vier grundlegende Schritte notwendig sind, um diese Ziele erreichen zu können: ein Ende von Krieg und Zerstörung menschlichen Lebens, Umweltschutz, die Förderung individueller Freiheit, die Bildung verantwortungsvoller Regierungen und die Eliminierung von Armut.

Oberste Priorität hat das Beenden aller Kriege und blutiger Konflikte. Solange sich Menschen gegenseitig töten, kann es niemals echten Fortschritt geben. Ein weiterer wichtiger Schritt: Alle Staaten dieser Erde müssen die allgemeinen Menschrechte achten und einhalten. Dies gilt vor allem für die Religions- und die Meinungsfreiheit.

An dritter Stelle steht der Umweltschutz. Unser Handeln auf diesem Planeten muss unter der Prämisse der Nachhaltigkeit beruhen. Zu guter Letzt ist es von enormer Wichtigkeit, die bestehenden politischen Systeme nach den Gesichtspunkten von Effizienz und Sparsamkeit zu reformieren. Und wir müssen Hunger und Armut ein für alle Mal eliminieren. Nichts und niemand darf uns davon abbringen, diese fundamentalen Ziele mit aller Vehemenz zu verfolgen.

Wenn wir aus tiefstem Herzen davon überzeugt sind, dass es künftig keine Kriege, keine Armut und kein gegenseitig zugefügtes Leid mehr geben soll und dass die Freiheit des Einzelnen ein nobles Ziel ist, wenn all diese Gewissheiten allgemein akzeptiert werden, erst dann können wir über alle Grenzen hinweg gemeinsam Wege und Lösungen finden, wie wir in Harmonie zusammenleben können. Jede andere Art des Denkens und des Handelns, jede andere Einstellung kann in einer so fragilen und von atomaren Waffen dominierten Welt schnell zur völligen Vernichtung der Menschheit führen.

Die Geschichte der Menschen ist gekennzeichnet von Kriegen und Revolutionen. Doch niemals zuvor hatten wir die Fähigkeit, unseren Planeten durch den Einsatz von Nuklearwaffen vollkommen zu zerstören. Paradoxerweise könnten diese Möglichkeiten und Mittel gleichzeitig die Voraussetzung für ein friedliches Zusammenleben sein, da sich jeder Einzelne der Gewalt und Folgen einer solchen Katastrophe bewusst ist. Obwohl es uns im letzten Jahrzehnt gelungen ist, die globale Armut annähernd zu halbieren, müssen nach wie vor Millionen von Menschen in elenden und prekären Verhältnissen leben. Egal ob in den Entwicklungsländern oder der hochentwickelten westlichen Welt: Armut ist nach wie vor ein allgegenwärtiger Teil der Gesellschaft und wir müssen Wege finden, sie ein für alle Mal zu beseitigen. Das ist eine jahrhundertealte Hoffnung, doch zum ersten Mal in der Geschichte scheint sie tatsächlich in greifbarer Nähe zu sein.

Um Krieg und Armut endgültig zu überwinden, müssen wir die Differenzen und Spannungen zwischen den Menschen verringern. Zu große Unterschiede bei Vermögen, Bildung oder Werten führen unweigerlich zu Revolutionen, Aufruhr und Konflikten. Schlussendlich gilt: Wenn es uns nicht gelingt, die Probleme unserer Gesellschaft zu lösen, blicken wir in eine düstere Zukunft, gezeichnet von Krieg, Umweltzerstörung und Armut. Werden wir weiter regiert wie bisher, wird es uns nicht gelingen, diese Verwerfungen und Bruchlinien zu überwinden. In den politischen Systemen vieler Demokratien gibt es Fehlentwicklungen: Sie bevorzugen die Reichen und jene, die das bessere Lobbying betreiben, auf Kosten der Gesamtbevölkerung. Der Austausch der Politiker, der in regelmäßigen Abständen nach jeder Wahl stattfindet, wird unsere fundamentalen Probleme auf Dauer nicht lösen. Es ist ein System, dass sich immer wieder selbst reproduziert und dessen Schwächen und Fehler tief verwurzelt sind. Gutes Regieren und echtes Leadership beginnen damit, dass Probleme erkannt, benannt und effektive Lösungen gesucht werden.

Wir müssen uns in erster Linie die folgenden grundlegenden Fragen stellen: Können wir soziale Missstände wie Drogenkonsum und Obdachlosigkeit bekämpfen? Gibt es eine ressourceneffizientere Vorgehensweise als die bisherigen Lösungsansätze? Können wir unser Bildungssystem optimieren, und falls ja, wie? Können wir unser politisches System für das Wohlbefinden aller Menschen auf eine höhere Stufe bringen?

Es gibt Lösungen für all unsere Probleme und meine Antwort auf all diese Fragen ist ein klares Ja! In den nächsten Kapiteln werde ich aufzeigen, welche Reformen notwendig sind, um unsere Gesellschaft besser, gerechter und erfolgreicher zu machen. Denn trotz oder wegen unserer Intelligenz, trotz unserer Verpflichtung, die Erde zu schützen, haben wir unserem Planeten große Schäden zugefügt. Es ist dieses Ungleichgewicht auf vielen Ebenen, das für das Leid der Menschen und die Zerstörung unserer Umwelt verantwortlich ist. Der Mensch hat aber im Laufe der Geschichte immer wieder bewiesen, dass er zu Größerem fähig ist. Es ist daher meine tiefe Überzeugung, dass wir unsere Gesellschaft in den nächsten 100 Jahren auf eine neue Entwicklungsebene bringen können, solange wir ein klares Leitbild von einer idealen Gesellschaft haben.

Dieses Buch soll nicht nur als Leitfaden für eine bessere Welt dienen, sondern auch eine Inspiration für all jene sein, die unsere Gesellschaft in eine positive Richtung lenken wollen. Es ist ein Anstoß und ein konkreter Vorschlag für die Weiterentwicklung der Menschen – hin zu einer besseren, zu einer idealen Gesellschaft. Schritt für Schritt arbeite ich heraus, wie wir die weltweite Armut bekämpfen, menschliches Leid und Ausbeutung reduzieren, die Menschenrechte verbessern und das allgemeine Wohlstandsniveau und die Bildungsstandards anheben können. Dieses Buch ist als Impulsgeber und Wegweiser zu verstehen.

Kapitel 4

Der Kampf zwischen Gut und Böse

*„Der immerwährende Kampf zwischen Gut und Böse
ist nicht nur das zentrale Thema, das sich durch die
Lehren der großen Religionen der Welt und die klassischen Werke der Literatur zieht, er hat auch das Schicksal der Menschheit seit jeher geprägt."*

Dieser Konflikt begleitet uns seit Anbeginn der Zeit
und es ist deshalb wenig überraschend, dass er das
zentrale Thema beinahe aller bedeutenden Werke der
Literatur und des Films ist. Dieser immerwährende Kampf fesselt und fasziniert uns unabhängig unseres Alters oder unserer
Herkunft, und meist ist es das Gute, das über das Böse triumphiert.

Je intensiver ich mich mit dieser Thematik beschäftigt habe,
desto mehr Fragen haben sich in mir aufgetan: Gibt es diese
unsichtbaren und gegensätzlichen Kräfte – das Gute und das
Böse –, die unser Leben und unser Handeln beeinflussen? Warum fühlen sich manche unweigerlich vom Bösen angezogen und
warum klammern sich andere, selbst in existenziellen Krisen
und in Abwesenheit jeglicher Hoffnung, an das Gute?

Es wird wohl immer Personen geben, deren Leben von der Suche nach dem Guten geleitet wird und die der Überzeugung
sind, dass das Gute über das Böse triumphieren kann. Das ist
eine der symbolischen Kernaussagen des Pegasus-und-Drachen-Monuments, das ich in Florida errichtet habe. Das Sinn-

bild des Guten war seit Menschengedenken ein freundliches und schönes Lebewesen – etwa ein Engel, eine weiße Taube oder eben ein Pegasus –, während das Böse oft als gefährliche, grimmige und schlangenartige Kreatur dargestellt wurde, vergleichbar mit einem Drachen. Im Pegasus vereinigt sich die Vorstellung des Guten mit der Kraft und Eleganz des Pferdes.

Ich hoffe, dieses Monument ist für die Ewigkeit und wird uns für alle Zeiten in Erinnerung rufen, dass wir dafür Sorge zu tragen haben, dass das Gute über das Böse siegt. Ich habe bereits frühzeitig entschieden, das Pegasus-Monument zum Kernstück eines Themenparks zu machen. Als Besitzer mehrerer großer Pferderennbahnen war es mir immer ein Anliegen, eines Tages einen familienfreundlichen Freizeitpark rund um das Thema Pferd zu errichten. Das sonnige Florida schien mir dafür der ideale Ort zu sein.

Als wir mit der Feinabstimmung der ersten Skizzen der Skulptur begonnen haben, bin ich immer tiefer in die Materie eingedrungen und habe mich intensiv mit der griechischen Mythologie und zahlreichen Fabeln und Legenden aus der ganzen Welt zum Thema Drachen beschäftigt. Immer wieder stieß ich auf die Manifestation des Bösen in Form des Drachens. Der stilisierte Kampf zwischen Pegasus und dem Drachen wird die Besucher des Themenparks fesseln und ihnen gleichzeitig Vergnügen bereiten. Mit einer dazu passenden Show wollen wir unseren Gästen etwas Spannendes bieten, wollen wir sie in eine Welt voll Fantasie und Abenteuer entführen. Welches Kind ist nicht gefesselt von dem Ringen zwischen einem majestätischen Pegasus und einem düsteren, gepanzerten Drachen?

Gleichzeitig sollen Denkprozesse angeregt werden, soll den Besuchern die Zerbrechlichkeit unserer Welt vor Augen geführt werden. Die Botschaft, die die Menschen aus unserem Themenpark mitnehmen sollen: Licht und Dunkelheit, Schöpfung und Zerstörung, all diese Gegensatzpaare sind Bestandteile, Prozesse und elementare Bausteine unseres Universums.

Schlussendlich geht es darum, unseren Gästen eine hoffnungsvolle Nachricht mit auf den Weg zu geben: Wir haben die Möglichkeit unsere Welt zu verbessern! Die meisten Menschen befürworten das Gute.

Kapitel 5

Dominanz: Die Wurzel aller menschlichen Konflikte

„Eine der größten Herausforderungen auf dem Weg zur idealen Gesellschaft ist es, die Ketten der Dominanz zu entfernen – nicht durch endlose Kriege, sondern durch eine geistige Revolution."

D ie „goldene Regel" bestimmt seit jeher die Geschichte der Menschheit: Wer das Gold hat, macht die Regeln. Der Wunsch, andere Menschen zu beherrschen, zu dominieren, ist der Ursprung aller Konflikte.

Dominanz führt zu Revolutionen und Aufständen, um sich von den Fesseln der Unterdrückung zu befreien. Doch woher kommt der Wunsch, andere beherrschen zu wollen? Unabhängig von Herkunft oder Kultur scheinen Menschen ein unstillbares Verlangen danach zu haben, andere unterdrücken zu wollen. Sie streben nach mehr Macht, mehr Ressourcen, mehr Geld oder höherem Ansehen. Sie wollen über andere herrschen und die Welt in Diener und Herrn, Jäger und Gejagten zweiteilen. Wenn dieser Impuls, dieser Drang nicht kontrolliert wird, kann er zu einer übermächtigen Kraft werden, die zur Tyrannei über uns und unsere Mitmenschen führt.

Ich wuchs im Zentrum einer der größten Konflikte des letzten Jahrhunderts auf. Ich wurde während der Wirtschaftskrise in Österreich geboren. In meiner frühen Kindheit übernahm Nazi-Deutschland die Macht über mein Land, eines der brutalsten und unbarmherzigsten Regimes, das es je gab. Ein Regime, das Millionen unschuldiger Menschen einsperrte und ermordete. Kurz nach dem Anschluss Österreichs entfachten die Nationalsozialisten mit dem Einmarsch in Polen den Zweiten Weltkrieg.

Ich erinnere mich noch gut an meine Volksschulzeit, als Exerzieren, Gruppenübungen und Nazi-Propaganda plötzlich Teil des Lehrplans wurden. Es war mein erster Kontakt mit einem totalitären System und der eisernen Hand der Unterdrückung sowie mit der mit ihr einhergehenden Indoktrination der Menschen. Als ich zwölf war, ging der Zweite Weltkrieg zu Ende. Unser Haus war nur wenige Kilometer von der heranrückenden russischen Armee entfernt. Über einen Monat lang hörten wir jede Nacht den Artilleriebeschuss und das Dröhnen der detonierenden Bomben. Als der Krieg endlich vorbei war, ergriff eine nicht minder fanatische und totalitäre Macht die Kontrolle: die kommunistische Sowjetunion.

Innerhalb weniger Jahre musste ich unter zwei der schlimmsten Ideologien des 20. Jahrhunderts leben: unter den Nazis und den sowjetischen Kommunisten. Die beiden Regime hatten das Ziel, die individuelle Freiheit zu vernichten und die Bürger einer allumfassenden staatlichen Kontrolle zu unterwerfen. Obwohl ich noch sehr jung war, verstand ich schon damals, dass diese Herrschaftssysteme unvereinbar mit dem menschlichen Verlangen nach Selbstbestimmung sind.

Am Ende stand die Überzeugung, dass keine Diktatur langfristig überleben kann, weil die Unterdrückung des Einzelnen im ständigen Widerspruch zum menschlichen Freiheitsdrang steht. Eine ideale Gesellschaft muss diesem Freiheitstrieb entsprechen, durch gesetzliche Rahmenbedingungen, wie freie Meinungsäußerung und die Möglichkeit des Individuums, sein Schicksal selbst in die Hand nehmen zu können.

Es ist unvorstellbar und undenkbar, dass unsere weit fortge-
schrittenen Gesellschaftssysteme von Tyrannen, Monarchen
und Diktatoren regiert werden. Selbst in unseren Demokratien
lebt ein wachsender Teil der Bevölkerung unter der Kontrolle
von Bürokraten, die den Reichen und Mächtigen dienen, während die Schere zwischen Arm und Reich immer weiter ause-
inandergeht. Alleine im letzten Jahrzehnt wurden wir Zeugen
zahlreicher Revolutionen und Aufstände im Nahen Osten, deren
Ursprünge im Wunsch nach Freiheit liegen. Es scheint mir unabdingbar, dass der Westen härter daran arbeiten muss, die Ideale der Demokratie und der individuellen Freiheit in der ganzen
Welt zu verbreiten.

Zu oft haben wir die Augen vor Diktaturen und korrupten, politischen Machthabern verschlossen, die das Recht auf freie Meinungsäußerung und Religionsausübung unterdrückt haben. Das
bildet den Nährboden für Armut und Stagnation. Es ist nicht
verwunderlich, dass die Länder mit dem geringsten Grad an
Freiheit gleichzeitig jene mit den schlechtesten Lebensstandards
sind. Kurz: Je mehr individuelle Freiheit ein Volk genießt, desto
wohlhabender ist es auch.

Wir müssen stets achtsam und auf der Hut vor politischen oder
religiösen Führern sein, die Religion als Werkzeug des Hasses
und der Unterdrückung missbrauchen. Demokratische Staaten
haben die Verpflichtung, religiöse Extremisten in die Schran-
ken zu weisen. Obwohl Christen, Juden, Hindus und Muslime
in vielen demokratischen Staaten in Frieden zusammenleben,
sind wir nach wir vor mit Extremisten konfrontiert, die Hass
und Zwietracht zwischen den Religionen säen. Zuletzt haben
wir alle eines gemeinsam: den Wunsch nach einem besseren Leben für uns und unsere Familien.

Mein Wunsch nach Freiheit ist kein rein egoistischer. Wer, so wie ich, der Überzeugung ist, dass weder er noch seine Kinder oder sein Volk von anderen unterdrückt werden sollen, darf im Umkehrschluss auch niemals selbst dazu in der Lage sein, über andere herrschen zu können. Die größte Herausforderung am Weg zu einer idealen Gesellschaft ist es, die Ketten der Dominanz zu lösen: Nicht durch die Mittel des Krieges und der gewaltsamen Revolution, sondern durch eine Revolution des Geistes.

Der Kampf zwischen Individualismus und Kollektivismus ist eine der großen Konflikte der Menschheit. Der Kollektivismus hat sich bereits in unterschiedlichsten Formen gezeigt: im Kommunismus, im Faschismus und anderen Ausprägungen des Totalitarismus. Wir müssen uns von den Fesseln und Mächten lösen, die unsere Gedanken und Überzeugungen kontrollieren wollen. Es stellt sich deshalb die Frage: Können wir eine Welt erschaffen, in der jeder frei ist? Können wir eine Balance finden, in der die Gesellschaft ohne die Unterdrückung der anderen funktioniert? Können wir die Versklavung der Menschen ein für alle Mal beenden?

Ich denke, dass es möglich ist. Es braucht einen evolutionären, von Bildung getragenen Prozess, der uns im Laufe der Zeit ermöglicht, unsere aggressiven Instinkte zu unterdrücken und unsere Gedanken in eine positive Richtung zu lenken. Eine Gesellschaft, die von einigen wenigen kontrolliert wird, muss früher oder später unweigerlich in sich zusammenbrechen, implodieren. Sei es durch politische Zerfallsprozesse oder durch Revolutionen. Denn: Niemand will beherrscht werden!

Kapitel 6

Die Sehnsucht nach Freiheit: Unser Weg zum Glück

„Der Erfolg des Lebens kann letztendlich nur daran gemessen werden, wie glücklich man ist. Wie ich aus eigener Erfahrung weiß, ist es leichter glücklich zu sein, wenn man etwas Geld hat.“

Zahlreiche Universitäten haben mir über die Jahre hinweg Urkunden und Titel als Anerkennung für meine wirtschaftlichen Erfolge verliehen. Während solcher Zeremonien wurde ich immer wieder gebeten, einige Worte an die Schüler der Abschlussklassen zu richten. Ich gebe ihnen dann gerne Folgendes mit auf den Weg: „Der Erfolg des Lebens kann letztendlich nur daran gemessen werden, wie glücklich man ist.“ Dann füge ich hinzu: „Aber, wie mich das Leben gelehrt hat, ist es ist um einiges leichter glücklich zu sein, wenn man etwas Geld hat.“

Ich bin der Überzeugung, dass alle Menschen zwei grundlegende Bedürfnisse haben: Erstens, die persönliche Freiheit. Das bedeutet, den eigenen, individuellen Weg zu seinem Glück zu finden. Und zweitens, die finanzielle Unabhängigkeit. Die Wahrheit ist: Niemand ist wirklich frei, solange er keine wirtschaftliche Freiheit hat.

Im Hinblick auf die Industriestaaten bedeutet wirtschaftliche Freiheit, dass es den meisten Menschen möglich sein sollte, nach rund zwanzig Jahren Arbeit, ein schlichtes Zuhause erwerben zu können und ausreichend Rücklagen zu haben, um von den Zinsen bescheiden aber unbeschwert leben zu können. Es würde sie von der Notwendigkeit befreien, arbeiten zu müssen, sie könnten ihre Träume verwirklichen und ihren Interessen nachgehen.

Das ist nur ein kurzer Einblick in das, was wirtschaftliche Freiheit für mich bedeutet. Es ist schade, dass nur so wenige Menschen wirtschaftlich frei sind. Dieser Freiheitsdrang geht aber weit darüber hinaus, sein persönliches Glück zu finden und seine Träume und Ziele zu verwirklichen. Zur Freiheit gehört auch, seiner Familie und sich selbst ein besseres Leben ermöglichen zu können.

Es sind die Rechte der persönlichen Freiheit, garantiert durch demokratische Verfassungen und Menschrechtskonventionen, die das Fundament für Wohlstand und Frieden bilden. Sie schützen uns vor staatlicher Tyrannei und erheben das Individuum über den Staat. Wesentlich ist: Nur wenn Menschen ihre Meinung frei äußern können, ohne Angst vor staatlichen Repressionen, vor politischer Willkür und Verfolgung, kann sich eine Gesellschaft weiterentwickeln, kann unsere Zivilisation eine neue, eine höhere Stufe erreichen.

Ich sehe es als Aufgabe des Westens, die Werte der Demokratie auf der ganzen Welt zu stärken und die Menschen aus der politischen Unterdrückung zu befreien. Wir müssen mehr leisten, um die Freiheit als ein unabdingbares Menschenrecht weltweit zu verankern. Das ist so grundlegend wie das Recht auf das Leben selbst.

Doch die westlichen Demokratien sind selbstgefällig und träge geworden. Anstatt die Errungenschaften der freien Welt mit aller Macht zu schützen, beobachte ich eine schrittweise Kollektivierung der Gesellschaft. Wir werden wie eine Herde zusammengetrieben und von schwerfälligen, bürokratischen Institutionen regiert, die die Rechte des Einzelnen missachten und unter sich begraben. Jeder muss das Gleiche denken, das Gleiche sagen und gleich handeln. Wir sind am Weg in ein totalitäres System: Der übermächtige Staat soll alle Probleme lösen. Die Wahrheit ist: Individuelle Freiheit ist unabdingbar für eine funktionierende Gesellschaft und wir sind am besten Weg, sie kampflos aufzugeben.

Freiheit ist der Grundstein für eine bessere Zukunft und die ideale Gesellschaft: Sie erlaubt es uns, frei zu wirtschaften, zu reden und unser individuelles Glück zu verfolgen und zu finden. Sie ist von so immenser Bedeutung, dass Menschen bereit sind, für dieses Ideal zu sterben. Kurz: Freiheit ist nicht verhandelbar.

Kapitel 7

Das Streben nach wirtschaftlicher Unabhängigkeit

„In Wirklichkeit ist man nur frei, wenn man auch wirtschaftlich unabhängig ist."

Persönliche Freiheit ist für mich der heilige Gral, auch wenn man dafür so manche Anstrengung und Belastung auf sich nehmen muss. Letztendlich ist persönliche Freiheit ohne wirtschaftliche Unabhängigkeit nicht viel wert. Menschen sind erst dann wirklich frei, wenn sie auch wirtschaftlich unabhängig sind.

Was mich als junger Mann angetrieben hat, war vor allem der Wunsch nach wirtschaftlicher und finanzieller Unabhängigkeit. Er war meine wichtigste Motivation, immer noch härter zu arbeiten und ein eigenes Unternehmen aufzubauen. Es gibt wenig, was das Gefühl von absoluter Freiheit übertrifft, jene Art von Freiheit, die man nur durch finanzielle und wirtschaftliche Unabhängigkeit erreicht.

Mit der Schaffung der allgemeinen Menschenrechte hat der Westen den Grundstein für die Entwicklung von demokratischen und wirtschaftlich erfolgreichen Gesellschaften gelegt. Diese Werte und Rechte müssen stets verteidigt werden. Gleichzeitig müssen wir als Gesellschaft auch größere Anstrengungen unternehmen, um wirtschaftliche Freiheiten zu stärken.

Seit jeher ist die entscheidende und grundlegende Frage aller gesellschaftspolitischen Systeme, wie einerseits Wohlstand geschaffen und andererseits verteilt wird. Im Laufe der Zeit haben sich unterschiedliche ökonomische Systeme herausgebildet, stets mit dem Ziel, größtmöglichen Wohlstand zu generieren. Im letzten Jahrhundert haben sich drei grundlegende sozioökonomische Modelle durchgesetzt. Sie alle existieren in der einen oder anderen Form noch immer:

Diese drei Systeme sind: Totalitarismus/Diktatur, Sozialismus/ Staatswirtschaft und das freie Wirtschaftssystem:

Totalitarismus oder Diktatur

Diktaturen sind so alt wie die Menschheit selbst. Im Laufe der Geschichte gab es viele Diktatoren, Monarchen, militärische Machthaber und autoritäre Regime wie unter Hitler oder Stalin.

Im Totalitarismus werden Menschenrechte nicht respektiert. Ziel ist die Unterdrückung der Massen und eine Umverteilung der Ressourcen an die Spitze, häufig durch den Einsatz militärischer Gewalt. In Diktaturen werden keine höheren Ziele verfolgt, sie sind das Werkzeug von skrupellosen Menschen, deren Interessen in der Ausbeutung und Unterdrückung der Bürger liegen. Es geht nicht um die Verbesserung der Lebensumstände der Menschen, sondern um die Bereicherung einiger weniger.

Totalitäre Systeme haben immer ein Ablaufdatum, weil sie das Verlangen und das Bedürfnis der Menschen nach persönlicher Freiheit und wirtschaftlicher Unabhängigkeit unterdrücken, was zu Revolutionen führt.

Sozialismus/Staatswirtschaft

Im Gegensatz zum Totalitarismus ist der Sozialismus aus dem Wunsch und dem Streben nach einer idealen, einer gerechteren Gesellschaft heraus entstanden. Er hat sich in den vergangenen 100 Jahren in zahlreichen Staaten auf der ganzen Welt, zumeist durch gewalttätige Revolutionen, verbreitet.

Das sozialistische System basiert auf dem Gleichheitsgedanken. Das erwirtschaftete Vermögen muss, um Ungleichheiten zu beseitigen, auf möglichst alle Menschen möglichst gleich verteilt werden. Die Staatswirtschaft verfolgt zwar soziale Ziele, diese können in der Praxis aber niemals erreicht werden, weil dieses System die Leistungsbereitschaft, den innovativen und produktiven Geist der Menschen erstickt und so nicht in der Lage ist, Wohlstand zu schaffen.

Das Wenige, das produziert wird, wird durch eine wachsende Zahl von Bürokraten verteilt. Es entsteht ein aufgeblähter und ineffizienter Verwaltungsapparat.

Die von oben verordnete Kollektivierung der Bevölkerung widerstrebt dem Geist des Menschen und führt gleichzeitig zu einer wachsenden Abhängigkeit des Individuums gegenüber dem Staat. Die Geschichte hat gezeigt, dass die Staatswirtschaft nicht funktioniert und zu einem Sinken der Lebensstandards bis hin zur Armut führt.

Das freie Wirtschaftssystem

Das freie Wirtschaftssystem, die freie Marktwirtschaft, ist sehr effektiv im Schaffen von Wohlstand und Reichtum. Das Problem dieses Wirtschaftsmodells ist, dass sich immer mehr Kapital in den Händen einiger weniger konzentriert. Das führt langfristig dazu, dass immer mehr Menschen Umverteilung fordern und der Staat zusehends mehr in dieses System eingreift. Wenn es einer Spezies in der Natur nicht gelingt, sich zu reproduzieren, nimmt eine andere Spezies (das sozialistische System) überhand.

In einem demokratischen System geht die Macht vom Volk aus. Und die Mehrheit der Bürger wählt in der Regel jene Parteien, die am meisten versprechen, von denen sich die Bürger am meisten erhoffen. Die Folgen sind mehr Umverteilung und immer weitreichendere und kostspieligere Sozialprogramme. So wird aus einem freien Wirtschaftssystem langsam ein sozialistisches, eines, mit einer stetig steigenden Bürokratie.

Woran alle drei Modelle scheitern, ist die Schaffung und Verteilung von Wohlstand. Ich glaube fest daran, dass wir alles daransetzen müssen, unser freies Wirtschaftssystem zu erhalten, weil es die Grundvoraussetzung für eine freie Gesellschaft ist, gleichzeitig müssen wir Lösungen finden, den Wohlstand gerechter und breiter zu verteilen. Es geht darum, einer möglichst großen Zahl von Menschen finanzielle und wirtschaftliche Unabhängigkeit zu ermöglichen. Einer der besten Wege, um das zu erreichen, ist meiner Meinung nach, Unternehmen mit Steueranreizen zu motivieren, ihre Gewinne mit ihren Mitarbeitern zu teilen. **Ich nenne es „das faire Wirtschaftssystem".**

Es ist wirklich bedauernswert, wie wenig Firmen ihre Mitarbeiter an ihrem wirtschaftlichen Erfolg teilhaben lassen. Die Arbeitnehmer am Gewinn zu beteiligen, heißt, ihre Leistung und ihren Anteil beim Schaffen von Wohlstand anzuerkennen und entsprechend abzugelten.

Das faire Wirtschaftssystem

Das faire Wirtschaftssystem ist eine Alternative zur Staatswirtschaft und zum freien Wirtschaftssystem. Es beruht auf dem Grundprinzip, wonach Menschen sowohl wirtschaftliche als auch persönliche Freiheit anstreben.

Um den Prozess, von einem freien Wirtschaftssystem hin zur Staatswirtschaft, zu stoppen, müssen mehr Unternehmer ihre Gewinne und ihr Kapital mit ihren Mitarbeitern teilen, damit diese ebenfalls Kapital akkumulieren können. Durch verschiedene Steueranreize und -modelle können Unternehmer dazu bewogen werden, eine größere Zahl an Menschen der Vermögensbildung teilhaben zu lassen.

Essentiell für das faire Wirtschaftssystem ist, dass die Menschenrechte gestärkt und durch eine Wirtschaftsrechtsverfassung erweitert werden, die das Grundrecht der Arbeiter auf Vermögensbildung durch die Beteiligung an Gewinn und Kapital festschreibt. Solche Wirtschaftsrechtsverfassungen führen zu ökonomischen Demokratien, die wiederum die Basis und Voraussetzung für die Demokratie an sich sind.

Ökonomische Systeme

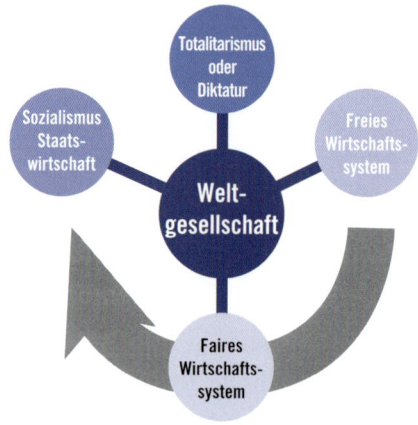

Das faire Wirtschaftssystem verhindert,
dass das freie Wirtschaftssystem zu einem sozialistischen System wird.

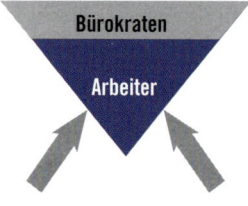

Staatswirtschaft

Freies Wirtschaftssystem

Staatswirtschaft führt zur
Überverwaltung

Immer mehr Kapital konzentriert sich
bei immer weniger Menschen

FAIRES WIRTSCHAFTSSYSTEM

Aus Mitarbeitern werden Mitunternehmer

Ökonomische Rechtsverfassungsgesetze geben Arbeitern das Recht,
am Vermögensbaum teilzuhaben. Nur so können wir sicherstellen, Wohlstand
zu schaffen und diesen gerecht zu verteilen.

Kapitel 8

Wie man eine Gesellschaft von Eigentümern schafft

„Es ist faszinierend zu sehen, welchen Einfluss Eigentum auf Menschen hat. Wenn Menschen etwas besitzen, ändert sich ihre gesamte Einstellung zum Positiven."

I Ich werde oft gefragt, wie es möglich war, aus einem Ein-Mann-Betrieb einen weltweit agierenden Autozulieferkonzern zu machen. Was ist das Geheiminis meines Erfolges? Meine Antwort lautet stets: Um zu verstehen, was Magna so groß und erfolgreich gemacht hat, was unsere Mitarbeiter motiviert, besser, schneller und härter zu arbeiten, muss man die Philosophie, auf der mein faires Wirtschaftssystem aufgebaut ist, begreifen.

Der Grundgedanke dieses Systems bzw. der „Fair-Enterprise-Kultur" ist, dass ein Unternehmen produktiver und profitabler ist, wenn die Manager und die Arbeiter einen Anteil an der Firma besitzen. Wenn sie nicht bloß Angestellte, sondern auch Miteigentümer sind. Als ich anfing, besaß ich eine kleine Firma und kannte alle meine Mitarbeiter persönlich. Als Firmeninhaber war ich täglich aufs Neue gefordert, ihnen meine Wertschätzung entgegenzubringen und sie fair zu behandeln.

Damals wurden die Gewinne noch informell aufgeteilt. Mit der Zeit wurde meine Firma immer größer und ich wollte feste Rahmenbedingungen schaffen, die garantierten, dass Manager und Arbeiter einen Teil des Profits erhalten und zu Teilhabern werden.

Als meine Firma schließlich mit einem börsennotierten Unternehmen fusionierte, war ich in der Lage, meinen Mitarbeitern nicht nur einen Teil des Gewinns auszuschütten, sondern ihnen auch Aktienanteile an der Firma zu geben und sie somit zu Miteigentümern zu machen.

Nichts motiviert Mitarbeiter mehr, nichts macht sie stolzer und leistungsfähiger als die Beteiligung an einem Unternehmen. So wird aus einer Firma ihre Firma. Es war immer meine Überzeugung, dass Angestellte, die einen realen und greifbaren Anteil am Erfolg des Unternehmens haben, motivierter sind und schließlich ein besseres Produkt zu einem besseren Preis produzieren. Das ist das Herzstück unserer fairen Unternehmenskultur.

Ich habe mich immer wieder gefragt, ob man dieses erfolgreiche Konzept nicht auch in einem größeren Kontext, in einem ganzen Land anwenden könnte. Was wäre, wenn wir die Prinzipien der Gewinn- und Kapitalbeteiligung auch auf nationaler Ebene einführen würden? Anders gesagt: Was wäre, wenn wir unsere Gesellschaft von Arbeitern in eine Gesellschaft von Eigentümern verwandeln könnten?

Es ist faszinierend, wie Eigentum die Menschen verändert. Wenn sie etwas besitzen, ändert sich ihre gesamte Einstellung. Sie werden vorsichtiger, achtsamer, engagierter und sie entwickeln völlig neue Perspektiven. Folgendes Beispiel verdeutlicht diese Änderung des Verhaltens und der Einstellung: Die meisten Leute machen sich wenig Gedanken darüber, ob das Licht brennt oder das Wasser läuft, wenn sie ein Hotelzimmer verlassen. Sie kümmern sich nicht darum. Ähnliches gilt für gemietete Wohnungen oder Häuser. Ganz anders verhält es sich, wenn man sein Vermögen in ein eigenes Haus investiert hat:

Automatisch geht man sorgsamer damit um, egal wie klein oder bescheiden es auch sein mag.

Ich bin deshalb der Meinung, dass in einer idealen Gesellschaft die Schaffung von Eigentum erleichtert und die damit verbundene Mentalität und Geisthaltung gefördert werden sollten. Eine Möglichkeit wäre, wie bereits beschrieben, Unternehmen, die ihre Mitarbeiter am Unternehmen und am Gewinn beteiligen, steuerlich zu entlasten. Die Arbeitnehmer würden so zu Miteigentümern, was wiederum die wirtschaftliche Produktivität steigert. Wenn die Angestellten eines Unternehmens zu Teilhabern werden, stärkt das ihr Engagement, ihre Effizienz und ihre Innovationskraft – schließlich besitzen sie selbst ein Stück der Maschinen, an denen sie arbeiten und erhalten einen Teil des Gewinnes, den sie erarbeiten. Eine Gesellschaft von Eigentümern zu schaffen, ist der beste und sicherste Weg, sie stärker, stolzer und produktiver zu machen.

In der Magna Unternehmensverfassung ist die Gewinnbeteiligung der Mitarbeiter festgeschrieben:

Magna Unternehmensverfassung

Kapital- und Gewinnbeteiligung der Mitarbeiter: Zehn Prozent des Gewinnes vor Steuern sollen in Form von Bargeld und Aktien an die Mitarbeiter fließen.

Gewinnbeteiligung der Aktionäre: Magna wird mindestens 20 Prozent des durchschnittlichen Jahresnettogewinnes – gerechnet über eine Periode von drei Jahren – an die Aktionäre ausschütten.

Gewinnbeteiligung des Managements: Um die Unternehmensleitung langfristig an das Unternehmen zu binden, verfügt Magna über ein Gehaltsmodell, das neben dem Industriestandard entsprechenden Grundgehältern einen Leistungsbonus für das Management von bis zu sechs Prozent des Gewinnes vor Steuern vorsieht.

Forschung & Entwicklung: Mindestens sieben Prozent des Gewinnes vor Steuern stellt Magna für den Bereich Forschung und Entwicklung zur Verfügung, um damit zum langfristigen und nachhaltigen Erfolg des Unternehmens beizutragen.

Soziale Verantwortung: Magna soll bis zu zwei Prozent des Gewinnes vor Steuern für wohltätige, kulturelle, politische sowie Ausbildungszwecke zur Verfügung stellen, um damit die Fundamente der Gesellschaft zu stärken.

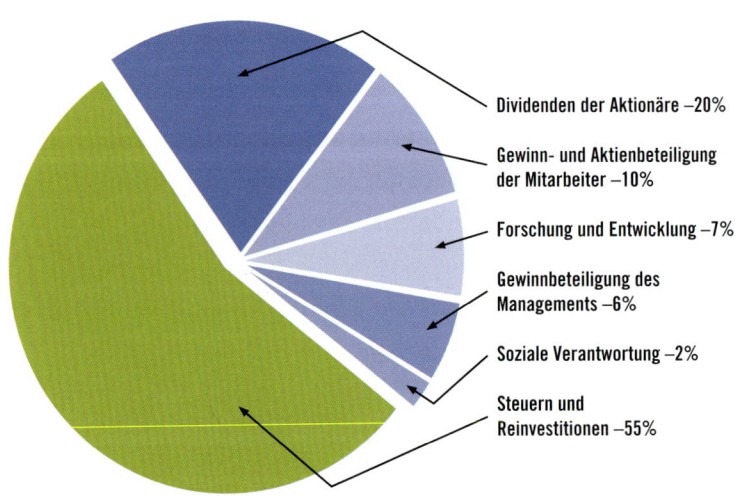

Dividenden der Aktionäre –20%

Gewinn- und Aktienbeteiligung der Mitarbeiter –10%

Forschung und Entwicklung –7%

Gewinnbeteiligung des Managements –6%

Soziale Verantwortung –2%

Steuern und Reinvestitionen –55%

Kapitel 9

Innovation und Kreativität brauchen Fantasie und Vorstellungskraft

„Mit Fantasie und Vorstellungskraft sind der menschlichen Entwicklung keine Grenzen gesetzt."

V on allen menschlichen Fähigkeiten und Eigenschaften sind Fantasie und Vorstellungskraft die bedeutendsten. Sie sind der Ursprung und die Basis für die Erweiterung und Vertiefung unseres Wissens.

Klassisches Wissen unterliegt Beschränkungen. Wir können niemals alles wissen und selbst wenn wir neue Erkenntnisse erlangen, bleiben die Möglichkeiten, sie umzusetzen, oftmals beschränkt. Fantasie und Vorstellungskraft sind hingegen grenzenlos – nicht limitiert und beengt durch unseren aktuellen Wissenstand. Sie sind vielmehr von der Idee getragen, wie die Dinge, die Verhältnisse sein könnten, nicht wie sie sind.

Der Wunsch, sich die Welt so vorzustellen, wie sie idealer Weise sein könnte, entspringt einem tiefverwurzelten menschlichen Verlangen. Dieses Bedürfnis ist so stark und so essenziell für das Menschsein, dass es manche mit dem Atmen und Essen gleichsetzen. Im Gegensatz zur Sprache können die eigene Vorstellungskraft und Fantasie niemals unterdrückt oder eingeschränkt werden.

Die großen Errungenschaften der Menschheit, sei es in der Kunst, der Technik oder der Wissenschaft, haben ihren Ursprung in unserer Vorstellungskraft, bevor sie im Laufe der Zeit durch angesammeltes Wissen und menschliche Fähigkeiten verfeinert und weiterentwickelt wurden. Kurz: Alles revolutionär Neue, jede Innovation ist ein Produkt menschlicher Vorstellungskraft und alle bedeutenden Fortschritte wurden von Menschen angestoßen, vorangetrieben und umgesetzt, die die Fähigkeit besaßen, ihre Fantasie und Vorstellungskraft zu nutzen und sie umzusetzen.

Es ist mir daher völlig unverständlich, warum wir Fantasie und Vorstellungskraft nicht mehr fördern. Alle Menschen besitzen ein großes, ungenutztes Potential an Einfallsreichtum und Kreativität, das nur angezapft werden muss, indem wir unsere Vorstellungskraft und Fantasie nutzen. Sie müssen von klein auf gefördert werden. Kinder sollten ermuntert werden, neue Dinge auszuprobieren, ihrer Kreativität freien Lauf zu lassen. Mehr noch: Es sollte der Schwerpunkt während der gesamten Schulausbildung sein. Um unsere Gesellschaft voranzubringen, müssen wir uns mehr Mühe geben, den Einfallsreichtum und die Kreativität unserer Kinder zu fördern.

Diese Fähigkeiten, die möglichst früh erlernt und trainiert werden müssen, sind in letzter Konsequenz genauso wichtig wie methodisches und wissenschaftliches Arbeiten oder kritisches Denken. Noch größere Anstrengungen sind deshalb notwendig, um den Erfindergeist und die Kreativität der Menschen anzuregen. Ohne Fantasie und Vorstellungskraft gibt es keine Zukunft und keinen Fortschritt, allenfalls ein Aufrechterhalten aktueller Zustände. Im vergangenen Jahrhundert hat die Menschheit wohl die größten Fortschritte gemacht. Neue Technologien, wie Züge, Autos oder Flugzeuge, haben unsere Lebensweise revolutioniert, haben das Leben schneller gemacht und durch die neue Mobilität auch die individuelle Freiheit erhöht.

Es war ein jahrtausendalter Traum der Menschheit, eines Tages ins Weltall fliegen zu können und auf dem Mond zu landen. Unsere Vorstellungskraft war der Funke, der es uns ermöglicht hat, solche Träume zu verwirklichen. In den folgenden Kapiteln erkunden wir, wie die Gesellschaft der Zukunft aussehen kann. Wir werden die Welt völlig neu denken und uns von alten und unbrauchbaren Konzepten vergangener Jahrhunderte lösen, um eine Vorstellung davon zu bekommen, welche Fähigkeiten und Eigenschaften der Mensch der Zukunft brauchen wird.

Vorstellungskraft ist die Voraussetzung und Innovation das Werkzeug, um unsere Gesellschaft auf die nächste Entwicklungsstufe zu heben und die Lebensqualität der Menschen überall auf der Erde zu verbessern.

Ohne Fantasie und Vorstellungskraft wird sich unsere Gesellschaft nicht weiterentwickeln können und zerfallen. Mit Fantasie und Vorstellungskraft sind die Möglichkeiten des Menschen und seiner Weiterentwicklung hingegen grenzenlos.

Kapitel 10

Rückbesinnung auf die Natur

„In einer zunehmend technischen, künstlichen und menschengemachten Welt sehnen wir uns wieder nach dem Natürlichen.“

D ie Natur ist ein guter Ratgeber, wenn es darum geht, eine ideale Gesellschaft zu verwirklichen. Wir können und dürfen die Natur nicht bekämpfen, vielmehr müssen wir ihre ungeschriebenen und allgemeingültigen Gesetze achten. Ein Leben innerhalb und mit dieser natürlichen Ordnung ist die Basis und die Voraussetzung für eine ideale Gesellschaft.

Die Natur strebt immer nach Harmonie und Ausgeglichenheit, und wir wissen, dass die hochstehenden Zivilisationen immer großen Wert auf diese beiden Prinzipien gelegt haben. In unserer technischen, künstlichen und menschengemachten Welt sehnen sich wir uns wieder nach mehr Natürlichkeit. Umweltschutz hat einen hohen Stellenwert, wir schützen unsere Seen, Flüsse und Wälder, und die Nachfrage nach ökologischen Lebensmittel und natürlichen Materialien steigt.

Wir sind ein Teil der Natur, unsere Umwelt ist unsere Lebensgrundlage, angefangen von der Luft, die wir atmen, über das Wasser, das wir trinken, bis hin zu den Lebensmitteln, von denen wir uns ernähren. Wir haben uns allerdings weit von allem Natürlichen entfernt und zu sehr der Technik und dem Künstlichen verschrieben. Der Mensch hat einen Punkt erreicht, an dem er umkehren muss. Obwohl wir niemals aufhören sollten, bessere und intelligentere Technologien zu entwickeln und den wissenschaftlichen Fortschritt voranzutreiben, müssen wir dennoch erkennen, dass wir niemals klüger als die Natur sein werden. Die Gesetze der Natur und des Universums stehen über allem anderen. Ich bin der Meinung, dass wir zu einer natürlicheren Art zu leben zurückkehren müssen, zu einem Lebensstil, der im Einklang mit der Natur steht.

Als ich meine erste Pferdefarm in Kentucky in den späten 1980er-Jahren aufbaute, entdeckten wir auf meinem Grundstück einige Artefakte amerikanischer Ureinwohner, darunter auch Pfeilspitzen. Sie gehörten einer Gruppe von präkolumbischen Indianerstämmen, die als Adena bekannt sind. Ihre Kultur basierte auf Ackerbau und Handwerk und sie achteten und verehrten die Natur.

Diesen respektvollen Umgang mit unserer Umwelt können wir von den Adena lernen. Wir sollten ihre Einstellung für unsere moderne Gesellschaft übernehmen und adaptieren.

Ich erweise den Adena durch die Namen meiner Pferderennställe „Adena Springs", mit meiner biologischen Rinderfarm „Adena Farms", der Wohnsiedlung „Adena Meadows", dem „Adena Golf and Country Club" und dem „Adena Grill", ein Restaurant in der Nähe des Pegasus-Monuments in Hallandale Beach, Florida, meine Ehre und meinen Respekt. Das Logo für all diese Firmen ist ein Pfeil und ein großes A für Adena.

Nichts symbolisiert für mich die Kraft und die Schönheit der Natur besser als das Pferd. Zu Beginn meiner beruflichen Karriere steckte ich meine ganze Kraft und Energie in den Aufbau meines Autozulieferunternehmens. Magna entwickelte sich rasant und produzierte Hunderte von Komponenten für die Autohersteller, von Getrieben bis hin zu Schlössern. Ich arbeitete über viele Jahre vierzehn bis sechzehn Stunden am Tag, einschließlich der Wochenenden und brauchte dringend einen Ausgleich. Etwas, dass komplett außerhalb meiner technischen und industrialisierten Umgebung lag, ein natürliches Gegengewicht zu meiner Welt aus Metall und Kunststoff, wo alles genau geplant, konstruiert und vermessen wird. Dieser Ausgleich waren (und sind für mich) Pferde.

Ich habe damals ein Inserat eines Farmers in einer Zeitung gesehen, der ein Reitpferd verkaufen wollte. Kurz zuvor war ich auf eine 150 Hektar große Farm auf dem Land gezogen und mir gefiel die Idee, über meine Felder und Hügel zu reiten, so wie John Wayne in einem alten Westernfilm.

Der Farmer, der mir mein erstes Pferd verkaufte, hat mich eines Tages zu einem Pferderennen eingeladen. Seitdem bin ich vom Pferderennsport fasziniert. Eine Faszination, die sich in Leidenschaft und viel Arbeit verwandelt hat. Ich wurde Pferdebesitzer und Züchter, und im Laufe der Jahrzehnte stieg ich zu einem der weltweit erfolgreichsten in dieser Branche auf. Trotzdem fühle ich mich immer noch als einfacher Pferdeliebhaber. Pferde sind für mich die wichtigste Verbindung zur Natur. Sie repräsentieren diese Bindung, die wir in den Industrieländern im vergangen Jahrhundert aufgrund der Urbanisierung und des technologischen Fortschritts verloren haben. Mit der aufkommenden Motorisierung wurden immer weniger Pferde gezüchtet. Vor dieser Zeit hatte jede Farm in Amerika ein paar

Pferde. Und sie waren weit mehr als nur Nutztiere, sie wurden geliebt, es bestand damals ein ganz enges und besonderes Band zwischen Mensch und Pferd.

Von Mitte der 1940er- bis Anfang der 1960er-Jahre – als in den USA Pferderennen den Höhepunkt an Popularität und Beliebtheit erreichten – hatten die meisten Landwirte noch eigene Tiere, doch langsam verschwanden sie von den Farmen. Dieser Rückgang an Pferden führte zu einer allgemeinen Schwächung der Bindung zwischen Mensch und Tier, was sich auch an den Besucherzahlen auf den Pferderennstrecken bemerkbar machte.

Dass die Beziehung zwischen Mensch und Pferd nur noch lose ist, ist ein Symptom für die generelle Entfremdung des Menschen von der Natur. Diese zunehmende Distanz verleitet uns zu der falschen und gefährlichen Annahme, dass wir uns über die Gesetze der Natur erheben können, dass der Mensch außerhalb der natürlichen Ordnung steht. Diese Haltung hat weitreichende Folgen: Wir leiten verschmutzte und giftige Abwässer in unsere Flüsse und Meere, wir besprühen unsere Felder und Pflanzen mit Pestiziden. Gleichzeitig gibt es ein wachsendes Bewusstsein dafür, dass wir unsere Umwelt nicht länger zerstören können, ohne dass das schreckliche Folgen für uns und das gesamte Leben auf unserem Planeten haben wird. Das ist auch der Grund, warum immer mehr Menschen auf Lebensmittel verzichten, die Chemikalien, Hormone, Antibiotika und gentechnisch veränderte Organismen enthalten, und sich biologisch und gesund ernähren.

Ich wurde Teil dieser Bewegung, als ich meine Farm in Ocala, Florida, gründete. Circa 40.000 Hektar groß. Soweit das Auge reicht hügelige Weiden, Felder und Wälder, auf denen Rinder, Hühner und Schweine sich frei bewegen und grasen können. Das wichtigste Prinzip auf unserer Farm ist, Schmerzen und Stress für unsere Tiere zu vermeiden. Wir halten uns an die höchsten Tierschutzstandards und alle Tiere wachsen in einer natürlichen Umgebung auf. Dem Futter werden weder Hormone, Antibiotika, genmanipuliertes Getreide noch tierische Nebenerzeugnisse zugesetzt. Wir sind zu 100 Prozent eine ökologische Farm. Eckpfeiler unserer Philosophie sind Nachhaltigkeit und Freilandhaltung. Die meiste Zeit werden unsere Rinder von Cowboys auf Pferden begleitet – so wie in den letzten Jahrhunderten.

Immer mehr Menschen sehnen sich danach, wieder mit und in der Natur zu leben, dieses zerrissene Band wieder zu knüpfen, ist ein notwendiger Schritt in Richtung einer besseren Welt. Eine ideale Gesellschaft kann nur erreicht werden, wenn die Menschen im Einklang mit der Natur leben.

Kapitel 11

Amerika: Ein Vorbild für die Welt

„Das freie Wirtschaftssystem hat Amerika groß gemacht und zu Wohlstand verholfen. Das freie Wirtschaftssystem ist außerdem eine Säule der freien Gesellschaft."

S ucht man nach einem Vorbild für eine ideale Gesellschaft, sticht ein Land hervor: Die Vereinigten Staaten von Amerika. Egal, ob man den Zustand der Demokratie, die Menschen- und Freiheitsrechte, die Lebensstandards oder den technologischen Fortschritt betrachtet, Amerika ist ein glänzendes Beispiel und ein Vorbild für den Rest der Welt. Das gilt trotz aller Probleme, mit dem das Land zu kämpfen hat, etwa, dass ein beträchtlicher Teil der Bevölkerung noch immer in Armut lebt.

Selbstverständlich gibt es unterschiedliche Betrachtungsweisen und so mancher hält andere Staaten oder Systeme als Vorbild für eine ideale Gesellschaft für besser geeignet. Als gebürtiger Europäer und auf allen Kontinenten operierender Geschäftsmann kann ich allerdings ganz klar sagen: Kaum ein Land der Welt kommt auch nur in die Nähe der USA.

Ich bin in Österreich geboren und aufgewachsen, habe einige Zeit in der Schweiz gearbeitet und in den letzten dreißig Jahren etwa die Hälfte meiner Zeit in Europa verbracht, um meinen Konzern zu einem globalen Player zu machen. Die Erfahrungen, die ich dabei gemacht habe, haben mir deutlich vor Augen geführt, dass sich Europa immer mehr in eine „politokratische

Gesellschaft" verwandelt. Ein Terminus, den ich verwende, um jenes überbürokratisierte System zu beschreiben, wo die stetig wachsende politische Einflussnahme alle Bereiche einer Gesellschaft durchdringt.

Eine politokratische Gesellschaft produziert immer neue und immer mehr komplizierte Regelwerke, Gesetze und Vorschriften, die alle Bereiche des gesellschaftlichen Zusammenlebens kontrollieren, regulieren und normieren. Betroffen sind etwa die Besteuerung, die Arbeit oder das Bildungswesen. Das führt zu einer ausufernden und ausgreifenden Bürokratie, die den Handel und die Wirtschaft behindert und lähmt, solange, bis alles zusammenbricht. Ich sehe für Europa keine Hoffnung mehr. Es ist ein langsames Ersticken.

Historisch betrachtet dient China als gutes Beispiel für schlechte Staatsführung und die daraus entstehenden Konsequenzen. Trotz seiner Fortschrittlichkeit, musste das Land über Generationen hinweg unter totalitären Regimen leiden. In jüngster Vergangenheit hat China allerdings große Fortschritte gemacht, die Wirtschaft hat einen enormen Aufschwung erlebt und damit verbunden ist auch der Lebensstandard vieler Chinesen deutlich gestiegen.

Man muss dabei allerdings berücksichtigen, dass die Planung und Umsetzung von Straßen-, Flughafen- und anderen Großprojekten in einem autoritären System wesentlich einfacher ist als in einer Demokratie. Die zentrale Frage ist deshalb: Schafft es das kommunistische China, sich zu einer echten Demokratie zu entwickeln, die auf der Achtung von Menschenrechten beruht? Wie viele andere hoffe ich darauf, dass China letztendlich eine echte Demokratie sein wird. Gestärkt durch Menschenrechtsverfassungen.

Russland ist, so wie China, eine aufstrebende Supermacht mit einer militärischen Stärke, die mit jener der Vereinigten Staaten verglichen werden kann. Die russische Wirtschaft profitiert vom Rohstoffreichtum des Landes, darüber hinaus gibt es eine aufstrebende Hightech-Industrie. Das Ende der kommunistischen Sowjetunion unter Michail Gorbatschow, einem der größten politischen Führer des 20. Jahrhunderts, liegt schon länger zurück. Der damals begonnene Demokratisierungsprozess scheint seit einigen Jahren ins Stocken geraten zu sein. Wie bei China bleibt auch hier zu hoffen, dass sich die Demokratie, einhergehend mit der Achtung der Menschenrechte und persönlicher Freiheiten, durchsetzt.

In Südamerika ist die Kluft zwischen Arm und Reich seit Langem ein großes Problem und es gibt kaum Fortschritte in Richtung einer gerechteren Vermögensaufteilung. Die lateinamerikanischen Länder, insbesondere Brasilien, müssen sich verstärkt um eine Verbesserung des Lebensstandards ihrer ärmsten Bevölkerungsschichten bemühen. Leider sind viele dieser Länder durch Elitedenken und Korruption verkrustet und gelähmt.

Afrika leidet bis heute unter den Folgen der jahrzehntelangen Kolonialherrschaft. Es stellt sich die Frage, ob es dem Kontinent heute besser gehen würde, hätte er nicht so lange unter Fremdherrschaft gestanden. Vermutlich ist das der Fall. Aber es gibt für die afrikanischen Staaten kein Zurück mehr in vorkoloniale Zeiten. Es wird wahrscheinlich noch lange dauern, bis Afrika den Anschluss an die Weltwirtschaft findet. Dennoch haben einige Staaten das Potential, auf Basis ihrer Bodenschätze, als kommende Wirtschaftsmacht in Erscheinung zu treten.

Es ist schwer zu begreifen, wie viele Länder nach wie vor von Diktatoren, Tyrannen oder religiösen Führern regiert werden.

Viele Länder des Nahen Ostens fallen in eine dieser Kategorien. Die Missachtung der Menschrechte und die Einschränkung der persönlichen Freiheiten in diesen Ländern macht sie zu wenig geeigneten Vorbildern.

Das bringt uns zurück nach Amerika. Aufgrund meiner Lebenserfahrung weiß ich, dass die USA zurzeit das beste Land der Welt sind. Es ist noch ein relativ junges, ein von Hoffnung und Optimismus getragenes Land, das die Nachfahren der Pioniere und der mutigen Einwanderer groß gemacht haben. Menschen mit Mut und Tapferkeit, die ihre Heimat verlassen haben, um sich ein besseres Leben in einer neuen Welt aufzubauen.

Die Amerikaner dürfen ihre Demokratie niemals als selbstverständlich ansehen. Die Freiheit muss verteidigt werden, innerhalb und außerhalb der Landesgrenzen. Als unbestrittener Anführer der freien Welt ist es entscheidend, dass in Amerika auch in Zukunft die Entwicklung neuer Waffentechnologien höchste Priorität hat. Nur so können die USA sich selbst und Verbündete schützen. Ein großer Teil des Militärbudgets, das momentan für Militärbasen in Übersee ausgegeben wird, sollte in die Erforschung und Entwicklung innovativer Waffentechnologien fließen, um potentielle Feinde abzuschrecken. Gleichzeitig soll Amerika aber niemals die erste Bombe in einem Konflikt werfen.

Obwohl die USA in vielerlei Hinsicht eine Vorbild- und Vorreiterrolle einnehmen, leidet das Land an einigen wirtschaftlichen und sozialen Krebsgeschwüren, die entfernt werden müssen: von Rassismus über Kriminalität bis hin zur Armut. Amerika muss begreifen, dass der Kampf gegen die Armut noch lange nicht gewonnen ist. Besonders sichtbar ist das in den heruntergekommenen Innenstädten, die in einer alarmierenden Geschwindigkeit verfallen.

Es ist durchaus legitim, sich die Frage zu stellen, ob die USA weiterhin als ein Vorbild für die Welt dienen können. Ich selbst bin überzeugt, trotz all der Probleme gibt es nach wie vor keine Gesellschaft und keine Nation, die sich mit den Vereinigten Staaten von Amerika messen kann, wenn es darum geht, Ausgangsbasis und Vorbild für eine ideale Gesellschaft zu sein.

Obwohl ich nicht in den USA geboren bin, habe ich jahrzehntelang dort gelebt und gearbeitet. Ich schätze die Freiheit, für die Amerika steht und ich bewundere die Macher-Qualitäten und das unternehmerische Denken der Amerikaner. Es ist eines der wenigen verbliebenen Länder der Welt, wo das freie Wirtschaftssystem überleben kann. Ein System, das Amerika zu Größe und Wohlstand geführt hat und eine der Säulen der freien Gesellschaft ist.

Damit haben wir das Fundament für eine ideale Gesellschaft gelegt. Dieses Wertegerüst enthält auch das Streben nach dem Guten, die Entwicklung und Verteidigung der Freiheit, den Schutz und die Kultivierung der Natur. In den folgenden Kapiteln werde ich einige Bausteine der idealen Gesellschaft beschreiben und erklären.

Kapitel 12

Die Prioritäten einer idealen Gesellschaft

„Letztlich kann eine ideale Gesellschaft nur daran gemessen werden, wie sie jene behandelt, die nicht für sich selbst sorgen können.“

U m den Rahmen für eine ideale Gesellschaft festzulegen, müssen wir zuerst die zentralen Punkte identifizieren und die Mindestlebensstandards einer zivilisierten Gesellschaft bestimmen.

Unsere Demokratien haben wichtige Menschenrechte, wie die Religionsfreiheit und Meinungsfreiheit, hervorgebracht. Doch keiner der Menschenrechtsverfassungen befasst sich mit den grundlegenden Bedürfnissen unserer Existenz: mit Nahrung, medizinischer Versorgung und Wohnraum. Ich glaube, dass wir die Menschenrechtsverfassungen um einige Grundprinzipien ergänzen müssen:

- das Recht auf Nahrung, damit niemand Hunger leiden muss;

- das Recht auf Wohnraum, damit niemand obdachlos ist;

- das Recht auf medizinische Versorgung, um niemals an einer behandelbaren Krankheit zu leiden oder zu sterben.

Diese fundamentalen Grundwerte sind für mich nicht verhandelbar, jede zivilisierte Gesellschaft muss sie anerkennen.

Darüber hinaus gibt es noch eine ganze Reihe anderer fundamentaler Rechte, die hochgehalten und geschützt werden müssen: Das Recht auf freien Zugang zu Trinkwasser und das Recht darauf, saubere Luft zu atmen. Sie bilden die Basis für das Leben selbst. Eine Kombination aus den bestehenden Menschenrechten mit den Grundrechten auf Nahrung, Wohnraum und medizinische Versorgung bildet die Rahmenbedingungen und die Mindeststandards für eine ideale Gesellschaft. Der einzige Maßstab, woran eine ideale Gesellschaft gemessen werden kann, ist, wie sie jene Menschen behandelt, die nicht für sich selbst sorgen können.

Sobald wir diese Grundrechte herausgearbeitet, verankert und das ethische Fundament für die ideale Gesellschaft gelegt haben, müssen jene Maßnahmen und Strategien entwickelt werden, die notwendig sind, um unsere Gesellschaft auf ein höheres, auf ein zivilisierteres Niveau zu heben. Der rote Faden, der sich durch dieses Buch zieht, ist die Notwendigkeit, die demokratischen Rechte und Freiheiten zu stärken und möglichst vielen Menschen die Möglichkeit zu eröffnen, ihren individuellen Weg zum Glück zu finden. Um diese zwar hochgesteckten, aber lohnenden Ziele zu erreichen, ist ein wirtschaftlich starkes Umfeld, in dem wir frei und gesund leben, die Grundvoraussetzung. Dies wiederum bedingt, dass wir der Weltbevölkerung ein menschenwürdiges Dasein mit ausreichend Nahrung und Unterkünften ermöglichen, ohne dabei die Umwelt nachhaltig zu schädigen. Dazu braucht es eine Kultur der Eigenverantwortung, sprich: Eine allgemein akzeptiere und verbreitete Geisteshaltung, wonach niemand dem Staat zur Last fallen soll, außer jenen, die aufgrund eines Unglücksfalles oder anderen Umständen nicht mehr in der Lage sind, für sich selbst und ihre Kinder zu sorgen.

Als jemand, der seit über sechzig Jahren erfolgreich in der Privatwirtschaft tätig ist, der in über dreißig Ländern auf der ganzen Welt Fabriken aufgebaut, der hochrangige CEOs und hochrangige Politiker getroffen und der ein breites Spektrum an Know-how und Erfahrungen gesammelt hat, bin ich überzeugt, einiges über jene Faktoren und Strukturen zu wissen, die eine funktionierende Regierung und Gesellschaft ausmachen. Wenn man eine Prioritätenliste für den Aufbau einer idealen Gesellschaft festlegt, steht die Wirtschaft ganz klar an erster Stelle. Und hier gilt das einfache aber fundamentale Prinzip, dass man den Wohlstand erst schaffen muss, bevor man ihn verteilen kann. Obwohl es so simpel wie einleuchtend ist, haben es noch immer wenige Politiker verinnerlicht oder zur Kenntnis genommen. Es ist eben einfacher und populärer Geld zu verteilen, als es zu erwirtschaften.

Ich habe in einem der vorangegangen Kapitel dargelegt, dass das freie Wirtschaftssystem eine Schwäche hat: Kapital bündelt sich im Laufe der Zeit in immer weniger Händen und wird von immer weniger Menschen verwaltet. Sprich: Es gibt zu wenig Kapitalisten. Die Naturgesetze lehren uns: Wenn eine Spezies beginnt, auszusterben, nimmt eine andere ihren Platz ein. Das bedeutet, dass die Kapitalisten aufgrund dieses Naturgesetzes von den Sozialisten verdrängt werden.

Es ist deshalb extrem wichtig, Wege zu finden und aufzuzeigen, wie man Arbeitern ermöglicht, Wohlstand aufzubauen. Das macht sie zu Kapitalisten. Wie bereits dargelegt, ist dabei der Königsweg, Arbeiter an den Profiten der Unternehmen teilhaben zu lassen. Diese Strategie beruht auf der fundamentalen Erkenntnis, dass die Wirtschaft von drei Kräften getrieben ist: intelligente Manager, Investoren und hart arbeitende Arbeiter. Und all drei haben ein moralisches Anrecht auf einen Teil des Profits.

Aufgrund meiner langjährigen und internationalen Erfahrungen bin ich zu dem Schluss gekommen, dass die Vereinigten Staaten von Amerika das einzige Land der Welt sind, wo das freie Wirtschaftssystem eine Chance hat, langfristig zu überleben. Europa, der Kontinent auf dem ich geboren und aufgewachsen bin, ist bereits flächendeckend sozialistisch. Die Geschichte hat uns gelehrt, dass Länder, die eine sozialistische Politik verfolgen, die im Wesentlichen auf der Umverteilung von Wohlstand aufbaut, letztendlich verarmen.

Ein weiterer wichtiger Punkt auf unserer Prioritätenliste ist die Reform des Bildungssystems. Sie ist notwendig, weil Bildung die Grundlage für eine produktive und leistungsstarke Gesellschaft mit intelligenten und qualifizierten Bürgern ist. Mindestens genauso wichtig sind politische Reformen. Auf dem Weg zu einer idealen Gesellschaft müssen die Regierungen entpolitisiert, die Steuersysteme vereinfacht, die Staatsausgaben und Schulden gesenkt und die Bildungs- und Gesundheitssysteme reformiert werden. All diese Subsysteme in der Politik, Wirtschaft und Gesellschaft sind eng miteinander verzahnt. Nur eine umfassende Reform, die alle diese Bereiche umfasst, bringt uns auf dem Weg zur idealen Gesellschaft einen großen Schritt voran.

In den folgenden Kapiteln werden wir diese Reformen im Einzelnen eingehend und vertiefend betrachten. Jeder dieser Bausteine ist notwendig, um am Ende in einer Gesellschaft leben zu können, die einer möglichst großen Zahl von Menschen ein besseres Dasein ermöglicht.

Kapitel 13

Das wirtschaftliche Gleichgewicht wiederherstellen

„Eines der Hauptprobleme der letzten Jahrzehnte war, dass wir uns zu sehr auf die Umverteilung und nicht auf die Schaffung von Wohlstand konzentriert haben."

W enn die Wirtschaft nicht funktioniert, funktioniert gar nichts. Dessen müssen wir uns immer bewusst sein. Vom Gesundheits-, Bildungs- und Sozialsystem bis hin zur Kunst – sie alle werden von dem finanziert, was zuvor von Unternehmen erwirtschaftet worden ist.

Aber wir generieren nicht mehr so viel Wohlstand wie im vergangenen Jahrhundert. Unsere westlichen Volkswirtschaften funktionieren nicht mehr so, wie sie sollten. Es gibt zwei wesentliche Entwicklungen, die unseren wirtschaftlichen Fortschritt in den letzten fünf Jahrzehnten beeinträchtigt haben:

Die erste Entwicklung ist der langsame aber stetige Wandel von einem überwiegend freien Wirtschaftssystem hin zur Staatswirtschaft bzw. zu einem sozialistischen System. Der zweite negative Trend: Die Realwirtschaft, die auf der Herstellung von Produkten basiert, wurde immer mehr von der unproduktiven Finanzwirtschaft verdrängt. Die Politik der westlichen Industriestaaten hat in den vergangenen Jahrzehnten zunehmend sozialistische Ideen und Prinzipen übernommen: Die Politik hat sich mehr um die Verteilung, als um die Schaffung von Reichtum und Wohlstand gekümmert. Obwohl ich aus einer Arbeiterfamilie komme, bin ich schon vor langer Zeit zu dem Schluss gekommen, dass die sozialistische Ideologie, die auf Umverteilung des Wohlstands beruht, nicht in der Lage ist, den Lebensstandard der Menschen zu erhöhen.

Europas Politik und Wirtschaft ist trotz aller negativen historischen Erfahrungen noch immer stark vom Sozialismus geprägt. Viele dieser linken Ideen und Grundgedanken, die sich tief in die europäischen Gesellschaften und Denkmuster eingebrannt haben, gewinnen auch in den USA immer mehr an Boden. Eine gefährliche Entwicklung, die nun an einem entscheidenden Wendepunkt angekommen ist: Immer mehr Menschen sind vom Staat und seinen Transferleistungen abhängig und immer weniger tragen durch ihre Arbeit zum allgemeinen Wohlstand bei. Beispiel Österreich: Hier zahlen nur noch rund 2 Millionen Menschen mehr in den Staatshaushalt ein, als sie herausbekommen. Über sechs Millionen Menschen bekommen hingegen mehr aus dem Staatstopf, als sie einzahlen. So ein System kann auf Dauer nicht funktionieren.

Als ich Vorsitzender von Magna International war, eröffneten wir nach dem Fall der Berliner Mauer als erster nordamerikanischer Konzern eine Fabrik in der ehemaligen Sowjetunion. Wir bauten ein Werk in der Ukraine und einige Jahre später im einstigen kommunistischen Ostdeutschland. Die beiden ehemaligen deutschen Staaten, die nun wieder vereint sind, waren ein gutes Anschauungsbeispiel für die Unterschiede zwischen der freien Wirtschaft und der Staatswirtschaft. Eine geteilte Nation mit zwei unterschiedlichen Wirtschaftssystemen, für beinahe ein halbes Jahrhundert. Westdeutschland, mit seinem freien Wirtschaftssystem, entwickelte sich zu einer der produktivsten und erfolgreichsten Volkswirtschaften der Welt. Im Gegensatz dazu: Ostdeutschland. Die sozialistische DDR war nicht einmal in der Lage, seine Bürger zu ernähren. In den 1980ern verfiel die altersschwache wirtschaftliche Infrastruktur, die über die Jahrzehnte erhebliche Umweltschäden verursacht hatte. Am Ende zerfiel die gesamte sozialistische Planwirtschaft. Ostdeutschland war ein mahnendes Beispiel dafür, dass man Wohlstand zuerst schaffen muss, bevor man ihn verteilen kann.

Der Rückgang der produzierenden Industrie in der westlichen Welt in den vergangenen Jahren beunruhigt mich zutiefst. Gehen Sie in ein großes Kaufhaus, schauen Sie in die Regale und Sie werden feststellen, dass immer weniger Produkte die dort verkauft werden, im Westen produziert worden sind. Wo immer ich in Nordamerika oder Westeuropa bin, ich sehe überall Lagerhäuser und immer weniger Fabriken. Man muss kein großer Ökonom sein, um die Ursache dafür zu kennen: Wir produzieren und exportieren immer weniger Produkte. Stattdessen importieren wir immer mehr Waren, die irgendwo anders hergestellt worden sind: Spielzeug, Fernseher, Smartphones, Computer etc. Ja, selbst Obst und Gemüse werden zunehmend in anderen Ländern angebaut und von uns importiert.

Seit der Finanzkrise im Jahr 2008, die großen wirtschaftlichen Schaden angerichtet hat, gibt es kaum noch Diskussionen darüber, welche Schritte wir unternehmen sollten, um ein erneutes finanzielles Erdbeben künftig zu verhindern. Wir haben bisher keine der ökonomischen Rahmenbedingung geändert, die den damaligen Crash ausgelöst haben. Die ungeregelten globalen Finanzsysteme, die für diese Kernschmelze verantwortlich waren, wurden noch immer nicht an die Leine genommen.

Schlimmer noch: Wir haben versucht, das Problem zu lösen, indem wir Milliarden von Dollars und Euros in die Wirtschaft gepumpt haben, um einen vollständigen Kollaps zu verhindern.

All das geschah mit geliehenem Geld. Die meisten Regierungen haben deshalb auch keinerlei Anstrengungen unternommen, ihre Staatsausgaben zu kürzen. Man macht weiter wie bisher.

Diese expansive Geldpolitik, dieses Auftürmen von gewaltigen Schuldenbergen hat vor allem das Ziel, den wirtschaftlichen Niedergang des Westens zu verschleiern und hinauszuzögern. Unsere Kühlschränke sind zwar immer noch voll, aber unser Lebensstandard sinkt. Es gibt eine langsame, aber stetige Verschiebung von Reichtum und Macht von West nach Ost.

Unternehmen und Länder sind gezwungen, sich den ständig verändernden wirtschaftlichen Bedingungen anzupassen. Sie müssen sich dem technologischen Fortschritt ebenso stellen wie der Globalisierung bzw. der Deregulierung der Märkte. Solche Entwicklungen lösen in allen Teilen der Wirtschaft unvorhergesehene Veränderungen aus und können auch die Gesellschaft massiv verändern. All das wirkt sich letztlich auch auf die Arbeitsplätze und Löhne aus. Niemand kann sich dem entziehen, alle Menschen sind von diesem permanenten Wandel direkt und persönlich betroffen. Fortschritt und Veränderungen sind in der Wirtschaft ebenso notwendig wie unerbittlich.

Unternehmen haben nur zwei Wahlmöglichkeiten: Entweder sich anpassen und am Wandel und Fortschritt partizipieren oder ganz einfach zurückgelassen werden. Dass unsere westliche Gesellschaft immer weniger Güter und Waren produziert, macht mir große Sorgen: **Wir haben uns von einer Realwirtschaft, in der wir Produkte herstellen, hin zu einer Finanzwirtschaft bewegt** – zu einem Wirtschaftssystem, wo – um es einfach auszudrücken – immer mehr Menschen nur noch Dokumente und Papiere hin- und herschieben. Aber mit Papier kann man keine Häuser oder Maschinen bauen und vor allem: Papier kann man nicht essen.

Wir beschäftigen uns immer weniger damit, wie man realen Wohlstand schafft und betreiben stattdessen einen immer größeren Aufwand, um den schwindenden Wohlstand großflächig zu verteilen. Die Deindustrialisierung und der Rückgang des Produktionssektors haben massive Auswirkungen auf die gesamte Wirtschaft. Unter anderem, weil uns dadurch der Hauptantrieb zur Schaffung von Reichtum und Wohlstand, nämlich technische Innovation, abhandenkommt. Der Westen hat seinen wirtschaftlichen Aufstieg vor allem seinen Erfindungen, Entwicklungen, neuen Technologien und seinem Know-how zu verdanken. All das steht auf dem Spiel.

Es ist gefährlich und unverantwortlich, wenn wir immer mehr Fabriken und landwirtschaftliche Betriebe zusperren und am Ende alles aus dem Ausland importieren müssen. Wenn wir in Europa und in Nordamerika nicht umdenken, diesen Irrweg weitergehen, werden viele gut bezahlte Arbeitsplätze verloren gehen – und zwar für immer. Damit verlieren wir einen Gutteil unserer wirtschaftlichen Unabhängigkeit. Und wir werden zusehen müssen, wie unsere Exporte schwinden und damit auch unser hoher Lebensstandard.

Daraus folgt, dass wir unsere Handelsbilanz wieder ausgleichen müssen: die Importe reduzieren und die Exportrate erhöhen. Das kann nur gelingen, wenn wir vermehrt positive Anreize schaffen und die Rahmenbedingung für die Industrie und das produzierende Gewerbe verbessern. Nur so können wir dauerhaft neue und qualifizierte Arbeitsplätze schaffen bzw. erhalten. Denn Unternehmen, die Produkte herstellen, schaffen mehr und besser bezahlte Arbeitsplätze als Unternehmen, die nur Waren importieren. Wir müssen unsere Lagerhallen wieder in Fabriken verwandeln.

Die Folgen des Niedergangs der Realwirtschaft sind dramatisch: Mit dem Rückgang der Produktionskapazitäten schwindet auch das technische Know-how, die technische Infrastruktur eines Landes verfällt. Ein starker und dynamischer Produktionssektor, der auf einem stabilen technologischen Fundament ruht, ist für unsere langfristigen strategischen Interessen von entscheidender Bedeutung. Die verarbeitende Industrie und ihre Zulieferer entwickeln gemeinsam eine breite Palette von Technologien und Produkten – von hochentwickelter Elektronik bis hin zu neuen Verbundwerkstoffen und Kunststoffen. Diese Technologien finden nicht nur in einer Vielzahl von Branchen Anwendung, sondern auch in der Rüstungsindustrie, die für den Schutz von Demokratien auf der ganzen Welt und zur Verteidigung unserer Freiheit und unserer Werte unerlässlich ist.

Die weit fortgeschrittene Umstellung von der Realwirtschaft auf die Finanzwirtschaft hat nicht nur zum Verlust von gut bezahlten Arbeitsplätzen im Produktionssektor geführt, sondern hat auch maßgeblich zum Zusammenbruch der Wirtschaft im Jahr 2008 beigetragen. Damals haben die westlichen Regierungen unglaubliche Summen aufgewendet, um Banken und andere Finanzinstitute zu retten. Diese verfehlte Politik hat ein finanzielles Trümmerfeld mit gewaltigen Defiziten und Schuldenbergen hinterlassen. In den meisten Ländern wurden letztendlich die Steuerzahler zur Kasse gebeten, sie mussten die enormen Kosten der staatlichen Rettungsaktionen schultern. Sie werden noch lange für diese Bankenrettungen zahlen müssen. Deshalb brauchen wir einen Paradigmenwechsel: Der Westen muss zur Realwirtschaft zurückkehren, muss reindustrialisiert werden.

Wir müssen die wirtschaftliche Balance wiederherstellen. In einer freien Gesellschaft mit einem freien Wirtschaftssystem wird

Wohlstand primär durch Produktivitätssteigerung erhöht. Der beste und effizienteste Weg, um die Produktivität zu steigern, besteht darin, **die Arbeiter am Erfolg der Unternehmen zu beteiligen.**

Das ist eine bewährte Strategie, um die Wirtschaftsleistung und die Produktivität zu steigern, weil Mitarbeiter, die vom Erfolg der Unternehmen profitieren, viel motivierter sind. Dadurch wird das Unternehmen konkurrenzfähiger und kann bessere Produkte zu einem besseren Preis anbieten. Werden Unternehmen mit steuerlichen oder anderen Anreizen motiviert, ihre Mitarbeiter am Gewinn zu beteiligen, stellt man sicher, dass der Wohlstand gerechter und gleichmäßiger verteilt wird und sich nicht auf einen relativ kleinen Personenkreis konzentriert.

Die Wirtschaft wird von drei Kräften angetrieben: kluges Management, hart arbeitende Mitarbeiter und Investoren. Alle drei Beteiligten haben ein moralisches Recht, am finanziellen Erfolg eines Unternehmens beteiligt zu sein. Durch Gewinnbeteiligung erhöht sich das Einkommen der Mitarbeiter, die dieses zusätzliche Geld wiederum für Konsumgüter ausgeben. Dieser Kreislauf kurbelt das Wirtschaftswachstum an, wodurch die Steuereinnahmen für die Regierungen steigen. Gewinn fair zu verteilen, erhöht zudem die Wettbewerbsfähigkeit der Unternehmen. Es liegt auf der Hand, dass Mitarbeiter motivierter und produktiver sind, wenn sie wissen, dass sie für ihre Leistung nicht nur einen Lohn, sondern auch einen Anteil am Gewinn erhalten. Würde sich dieses Modell durchsetzen, würde auch das Kapital gerechter verteilt, was wiederum die wachsende Kluft zwischen den Reichen und den Arbeitnehmern verkleinern würde.

Ich glaube, dass jeder Mensch jeden Morgen mit dem Wunsch aufwacht, ein besseres Leben für sich und seine Familie aufzubauen. Wir müssen deshalb ein Umfeld schaffen, das einer größeren Anzahl von Menschen die Möglichkeit bietet, Vermögen anzuhäufen und dadurch wirtschaftliche Freiheit zu erlangen. Es bedarf nur einiger weniger, aber wirkungsvoller Änderungen, um eine Trendwende herbeizuführen, damit unsere Volkswirtschaft wieder stark und leistungsfähig wird. Eine gesunde und prosperierende Wirtschaft würde den Regierungen größeren Spielraum geben, wieder in Bildung, Gesundheit und Infrastruktur zu investieren, und jenen Menschen helfen, die nicht in der Lage sind, für sich selbst zu sorgen.

Die meisten der in diesem Kapitel beschriebenen Reformen und Vorschläge sind sehr einfach umzusetzende und effiziente Maßnahmen. Ihre Implementierung würde die Konjunktur beleben, den allgemeinen Lebensstandard erhöhen, unsere Wirtschaft wieder auf Erfolgskurs bringen und somit die Vorsetzungen für eine bessere und erfolgreichere Zukunft schaffen.

Das Pegaus-und-Drachen-Monument würdigt den Mut, die Schnelligkeit und die Kraft des Pferdes und es ist ein Symbol des Kampfes zwischen Gut und Böse.

Der bronzene Pegasus ist mit seiner Höhe von zehn Stockwerken und einem Gewicht von 715 Tonnen die größte Pferdeskulptur der Welt

Das Pegasus-und-Drachen-Monument aus der Vogelpersepektive mit dem nahe gelegenen Gulfstream Park in Hallandale Beach, Florida

Die Montage der Skulptur: Pegasus und der Drache wurden von mehr als 500 Arbeitern und 70 Bildhauern gebaut. Die 1750 Stahl teile und 1250 Bronzeabschnitte sind in Frachtcontainern nach Florida verschifft worden.

Der edle Pegasus besiegt den bösen Drachen.

Die Pegasus-Statue erhebt sich über einer Kuppel, in der sich ein Kino befindet, in dem die Besucher die Dramatisierung des Kampfes zwischen Pegasus und dem Drachen erleben können.

Kapitel 14
Das Steuersystem einfacher und gerechter machen

„Das Wohlbefinden einer Nation steht im Zusammen-
hang mit einer gesunden Wirtschaftsbasis."

D as Steuersystem hat den größten Einfluss darauf, ob die Wirtschaft funktioniert oder stagniert. Die Steuergesetze, in Steuer-Kodizes niedergeschrieben, sind ein totales Chaos, könnte man sagen.

Jedes Jahr werden Tausende neue Paragraphen festgelegt, bei denen sich niemand auskennt, und welche Milliarden kosten. Die Firmen brauchen Tausende von Stunden, um sich auf Steuerprüfungen vorzubereiten.

Da es keine klaren Gesetze gibt, können Steuerprüfer die Gesetze unterschiedlich behandeln. Ein Land kann nur existieren und Wohlstand schaffen, wenn es klare Gesetze gibt. Steuerrechtsanwälte und Steuerfinanzexperten haben einen gewaltigen Interessenskonflikt.

Es ist höchste Zeit und unbedingt notwendig, klare Steuergesetze für Österreich zu schaffen. Ich habe mich sehr stark mit dem Steuerthema befasst und mit internationalen Steuerexperten diskutiert, um Lösungen zu finden, die die Steuergesetze in Österreich vereinfachen und auf eine klare Gesetzgebung aufbauen.

Es sollte zwei Arten von Steuern geben: eine Umsatzsteuer und eine Konsumsteuer.

Mein Vorschlag wäre eine Umsatzsteuerregelung mit mehreren Kategorien.

1. Handel
2. Dienstleistungen
3. Produkterzeugung
4. Finanzdienstleitungen

Der Steuersatz für diese Kategorien soll zwischen drei und sechs Prozent vom Umsatz liegen, welcher genauestens definierbar ist.

Die zweite Steuer, die es geben sollte, wäre eine Konsumsteuer. Sie könnte zwischen 18 und 24 Prozent liegen. Angenommen, die Konsumsteuer beträgt 20 Prozent, und jemand kauft ein Auto, welches € 20.000.- kostet, dann beträgt die Steuer dafür € 4.000.-

Kauft jemand einen Mercedes für € 100.000.-, beträgt die Steuer € 20.000.-. Das heißt, Mehrverdiener oder reichere Menschen würden mehr Steuern zahlen, wenn sie sich einen Luxus leisten möchten. Der Prozentsatz bleibt gleich, aber die Summe würde sich vergrößern.

Die Steuereinnahmen sollen mit dem Budget bzw. mit den Ausgaben des Staates in Harmonie sein. Zurzeit sollten wir einen Budgetüberschuss haben, damit wir endlich Schulden zurückzahlen können. Weitere Schulden sind unverantwortlich gegenüber der jüngeren Generation.

Natürlich kann man den Steuersatz – egal, ob es um die Umsatzsteuer oder die Konsumsteuer geht –jährlich etwas anpassen. Die Einkommensteuer fällt dann gänzlich weg.

Auf den folgenden Seiten sind österreichische und deutsche Gesetzestexte, die den Gesetzen im restlichen Europa und den USA sehr ähnlich sind, abgedruckt. Diese Auszüge sind Beispiele, wie unverständlich und unberechenbar die österreichischen und deutschen Steuergesetze sind.

Lesen Sie sie, es ist wirklich aufschlussreich.

Auszüge aus dem Österreichischen Steuerkodex:

Steuerbefreiungen

§ 6. (1) Von den unter § 1 Abs. 1 Z 1 fallenden Umsätzen sind steuerfrei

1. Die Ausfuhrlieferungen (§ 7) und die Lohnveredlungen an Gegenständen der Ausfuhr (§ 8);

2. die Umsätze für die Seeschiffahrt und für die Luftfahrt (§ 9);

(…)

10. a) die Umsätze der Blinden, wenn sie nicht mehr als drei sehende Arbeitnehmer beschäftigen und die Voraussetzungen der Steuerfreiheit durch eine Bescheinigung über den Erhalt der Blindenbeihilfe oder durch eine Bestätigung der zuständigen Bezirksverwaltungsbehörde oder durch den Rentenbescheid oder eine Bestätigung des zuständigen Bundesamtes für Soziales und Behindertenwesen nachweisen. Nicht als Arbeitnehmer gelten der Ehegatte, der eingetragene Partner, die minderjährigen Abkömmlinge, die Eltern des Blinden und die Lehrlinge. Die Steuerfreiheit gilt nicht für die Umsätze von Gegenständen, die einer Verbrauchsteuer unterliegen, wenn der Blinde Schuldner der Verbrauchsteuer ist;

b) die unmittelbar dem Postwesen dienenden Umsätze der Österreichischen Post Aktiengesellschaft;

c) Lieferungen, Umbauten, Instandsetzung, Wartung, Vercharterung und Vermietung von Luftfahrzeugen, einschließlich der darin eingebauten Gegenstände oder der Gegenstände für ihren Betrieb, die durch staatliche Einrichtungen verwendet werden;

11. a) die Umsätze von privaten Schulen und anderen allgemeinbildenden oder berufsbildenden Einrichtungen, soweit es sich um die Vermittlung von Kenntnissen allgemeinbildender oder berufsbildender Art oder der Berufsausübung dienenden Fertigkeiten handelt und nachgewiesen werden kann, daß eine den öffentlichen Schulen vergleichbare Tätigkeit ausgeübt wird;

b) die Umsätze von Privatlehrern an öffentlichen Schulen und Schulen im Sinne der lit. a;

Bemessungsgrundlage für die Einfuhr

§ 5. (1) Der Umsatz wird bei der Einfuhr (§ 1 Abs. 1 Z 3) nach dem Zollwert des eingeführten Gegenstandes bemessen.

(2) Ist ein Gegenstand ausgeführt, in einem Drittlandsgebiet für den Ausführer veredelt und von dem Ausführer oder für ihn wieder eingeführt worden, so wird der Umsatz bei der Einfuhr nach dem für die Veredlung zu zahlenden Entgelt, falls aber ein solches Entgelt nicht gezahlt wird, nach der durch die Veredlung eingetretenen Wertsteigerung bemessen. Ist der eingeführte Gegenstand vor der Einfuhr geliefert worden und ist diese Lieferung nicht der Umsatzsteuer unterlegen, so gilt Abs. 1.

(Anm.: Abs. 3 aufgehoben durch BGBl. Nr. 756/1996)

(4) Der sich aus den Abs. 1 bis 3 ergebenden Bemessungsgrundlage sind hinzuzurechnen, soweit sie darin nicht enthalten sind.

1. die nicht im Inland, ausgenommen die Gebiete Jungholz und Mittelberg, für den eingeführten Gegenstand geschuldeten Beträge an Einfuhrabgaben, Steuern und sonstigen Abgaben;

2. die im Zeitpunkt der Entstehung der Steuerschuld auf den Gegenstand entfallenden Beträge an Zoll einschließlich der Abschöpfung, Verbrauchsteuern und Monopolabgaben sowie an anderen Abgaben mit gleicher Wirkung wie Zölle, wenn, diese Abgaben anläßlich oder im Zusammenhang mit der Einfuhr von Gegenständen von den Zollämtern zu erheben sind;

3. die auf den eingeführten Gegenstand entfallenden Nebenkosten wie Beförderungs-, Versicherungs-, Verpackungskosten, Provisionen und Maklerlöhne bis zum ersten Bestimmungsort im Gebiet eines Mitgliedstaates der Europäischen Union. Das gilt auch, wenn sich diese Nebenkosten aus der Beförderung nach einem anderen in der Gemeinschaft gelegenen Bestimmungsort ergeben, der im Zeitpunkt des Entstehens der Einfuhrumsatzsteuer bekannt ist.

(Anm.: Z 4 aufgehoben durch BGBl. Nr. 756/1996)

(5) Für die Umrechnung von Werten in fremder Währung gelten die entsprechenden Vorschriften über den Zollwert der Waren.

(6) Die Umsatzsteuer (Einfuhrumsatzsteuer) gehört nicht zur Bemessungsgrundlage.

Ausfuhrlieferung

§ 7. (1) Eine Ausfuhrlieferung (§ 6 Abs. 1 Z 1) liegt vor, wenn

1. der Unternehmer den Gegenstand der Lieferung in das Drittlandsgebiet befördert oder versendet (§ 3 Abs. 8) hat oder

2. der Unternehmer das Umsatzgeschäft, das seiner Lieferung zugrunde liegt, mit einem ausländischen Abnehmer abgeschlossen hat, und der Abnehmer den Gegenstand der Lieferung in das Drittland befördert oder versendet hat, ausgenommen die unter Z 3 genannten Fälle.

3. Wird in den Fällen der Z 2 der Gegenstand der Lieferung nicht für unternehmerische Zwecke erworben und durch den Abnehmer im persönlichen Reisegepäck ausgeführt, liegt eine Ausfuhrlieferung nur vor, wenn

a) der Abnehmer keinen Wohnsitz (Sitz) oder gewöhnlichen Aufenthalt im Gemeinschaftsgebiet hat,

b) der Gegenstand der Lieferung vor Ablauf des dritten Kalendermonates, der auf den Monat der Lieferung folgt, ausgeführt wird und

c) der Gesamtbetrag der Rechnung für die von einem Unternehmer an den Abnehmer gelieferten Gegenstände 75 Euro übersteigt.

Als Wohnsitz oder gewöhnlicher Aufenthalt gilt der Ort, der im Reisepaß oder sonstigen Grenzübertrittsdokument eingetragen ist. Der Gegenstand der Lieferung kann durch Beauftragte vor der Ausfuhr bearbeitet oder verarbeitet worden sein. Die vorstehenden Voraussetzungen müssen buchmäßig nachgewiesen sein.

(2) Ausländischer Abnehmer ist

a) ein Abnehmer, der keinen Wohnsitz (Sitz) im Inland hat,

b) eine Zweigniederlassung eines im Inland ansässigen Unternehmers, die ihren Sitz nicht im Inland hat, wenn sie das Um-

satzgeschäft im eigenen Namen abgeschlossen hat. Eine im In-
land befindliche Zweigniederlassung eines Unternehmers ist
nicht ausländischer Abnehmer.

(3) Ist in den Fällen des Abs. 1 Z 2 und 3 der Gegenstand der
Lieferung zur Ausrüstung oder Versorgung eines Beförderungs-
mittels bestimmt, so liegt eine Ausfuhrlieferung nur im Fall des
Abs. 1 Z 2 vor, wenn

1. der Abnehmer ein ausländischer Unternehmer ist und

2. das Beförderungsmittel den Zwecken des Unternehmens des
Abnehmers dient.

Im Falle des Abs. 1 Z 3 ist eine Ausfuhrlieferung ausgeschlos-
sen.

Sonstige Leistung

§ 3a. (1) Sonstige Leistungen sind Leistungen, die nicht in einer
Lieferung bestehen. Eine sonstige Leistung kann auch in einem
Unterlassen oder im Dulden einer Handlung oder eines Zu-
standes bestehen.

(1a) Einer sonstigen Leistung gegen Entgelt werden gleichge-
stellt

1. Die Verwendung eines dem Unternehmen zugeordneten
Gegenstandes, der zum vollen oder teilweisen Vorsteuerabzug
berechtigt hat, durch den Unternehmer

- für Zwecke, die außerhalb des Unternehmens liegen,

- für den Bedarf seines Personals, sofern keine Aufmerksam-
keiten vorliegen;

2. die unentgeltliche Erbringung von anderen sonstigen Leis-
tungen durch den Unternehmer

- für Zwecke, die außerhalb des Unternehmens liegen,

- für den Bedarf seines Personals, sofern keine Aufmerksamkeiten vorliegen.

Z 1 gilt nicht für die Verwendung eines dem Unternehmen zugeordneten Grundstückes.

(2) Ein tauschähnlicher Umsatz liegt vor, wenn das Entgelt für eine sonstige Leistung in einer Lieferung oder in einer sonstigen Leistung besteht.

(3) Überläßt ein Unternehmer einem Auftraggeber, der ihm einen Stoff zur Herstellung eines Gegenstandes übergeben hat, an Stelle des herzustellenden Gegenstandes einen gleichartigen Gegenstand, wie er ihn in seinem Unternehmen aus solchem Stoff herzustellen pflegt, so gilt die Leistung des Unternehmers als sonstige Leistung (Werkleistung), wenn das Entgelt für die Leistung nach Art eines Werklohnes unabhängig vom Unterschied zwischen dem Marktpreis des empfangenen Stoffes und dem des überlassenen Gegenstandes berechnet wird.

(4) Besorgt ein Unternehmer eine sonstige Leistung, so sind die für die besorgte Leistung geltenden Rechtsvorschriften auf die Besorgungsleistung entsprechend anzuwenden.

Ort der sonstigen Leistung

(5) Für Zwecke der Anwendung der Abs. 6 bis 16 und Art. 3a gilt

1. als Unternehmer ein Unternehmer gemäß § 2, wobei ein Unternehmer, der auch nicht steuerbare Umsätze bewirkt, in Bezug auf alle an ihn erbrachten sonstigen Leistungen als Unternehmer gilt;

2. eine nicht unternehmerisch tätige juristische Person mit Umsatzsteuer-Identifikationsnummer als Unternehmer;

3. *eine Person oder Personengemeinschaft, die nicht in den Anwendungsbereich der Z 1 und 2 fällt, als Nichtunternehmer.*

(6) Eine sonstige Leistung, die an einen Unternehmer im Sinne des Abs. 5 Z 1 und 2 ausgeführt wird, wird vorbehaltlich der Abs. 8 bis 16 und Art. 3a an dem Ort ausgeführt, von dem aus der Empfänger sein Unternehmen betreibt. Wird die sonstige Leistung an die Betriebsstätte eines Unternehmers ausgeführt, ist stattdessen der Ort der Betriebsstätte maßgebend.

(...)

Besteuerung von Reiseleistungen

§ 23. (1) Die nachfolgenden Vorschriften gelten für Reiseleistungen eines Unternehmers.

– die nicht für das Unternehmen des Leistungsempfängers bestimmt sind,

– soweit der Unternehmer dabei gegenüber dem Leistungsempfänger im eigenen Namen auftritt und

– Reisevorleistungen in Anspruch nimmt.

(2) Die Leistung des Unternehmers ist als sonstige Leistung anzusehen. Erbringt der Unternehmer an einen Leistungsempfänger im Rahmen einer Reise mehrere Leistungen dieser Art, so gelten sie als eine einheitliche sonstige Leistung.

(3) Der Ort der sonstigen Leistung bestimmt sich nach § 3a Abs. 7.

(4) Reisevorleistungen sind Lieferungen und sonstige Leistungen Dritter, die den Reisenden unmittelbar zugute kommen.

(5) Die sonstige Leistung ist steuerfrei, wenn die Reisevorleistungen im Drittlandsgebiet bewirkt werden.

(6) Sind die Reisevorleistungen nur zum Teil Reisevorleistungen im Sinne des Abs. 5, so ist nur der Teil der sonstigen Leistung steuerfrei, dem die im Abs. 5 bezeichneten Reisevorleistungen zuzurechnen sind. Die Voraussetzungen der Steuerbefreiung müssen vom Unternehmer buchmäßig nachgewiesen sein. Der Bundesminister für Finanzen kann aus Vereinfachungsgründen bei Schiffs- und Flugreisen durch Verordnung bestimmen, wie der auf das Drittlandsgebiet entfallende Teil der Reisevorleistung zu ermitteln ist.

(7) Die sonstige Leistung bemißt sich nach dem Unterschied zwischen dem Betrag, den der Leistungsempfänger aufwendet, um die Leistung zu erhalten und dem Betrag, den der Unternehmer für die Reisevorleistungen aufwendet. Die Umsatzsteuer gehört nicht zur Bemessungsgrundlage.

Der Unternehmer kann die Bemessungsgrundlage statt für jede einzelne Leistung entweder für Gruppen von Leistungen oder für die gesamten innerhalb des Veranlagungszeitraumes (Voranmeldungszeitraumes) erbrachten Leistungen ermitteln.

(8) Abweichend von § 12 Abs. 1 ist der Unternehmer nicht berechtigt, die ihm für die Reisevorleistungen gesondert in Rechnung gestellten sowie die nach § 19 Abs. 1 zweiter Satz geschuldeten Steuerbeträge als Vorsteuer abzuziehen. Im übrigen bleibt § 12 unberührt.

(9) Für die sonstigen Leistungen gilt § 18 mit der Maßgabe, daß aus den Aufzeichnungen des Unternehmers zu ersehen sein müssen.

1. der Betrag, den der Leistungsempfänger für die Leistung aufwendet,

2. die Beträge, die der Unternehmer für die Reisevorleistungen aufwendet,

3. die Bemessungsgrundlage nach Abs. 7 und

4. wie sich die in § 1 und 2 bezeichneten Beträge und die Bemessungsgrundlage nach Abs. 7 auf steuerpflichtige und steuerfreie Leistungen verteilen.

Verzeichnis der dem Steuersatz von 10% unterliegenden Gegenstände

1. Bienen (Unterposition 0106 41 00 der Kombinierten Nomenklatur) und ausgebildete Blindenführhunde (aus Unterposition 0106 19 00 der Kombinierten Nomenklatur).

2. Fleisch und genießbare Schlachtnebenerzeugnisse (Kapitel 2 der Kombinierten Nomenklatur).

3. Fische, ausgenommen Zierfische; Krebstiere, Weichtiere und andere wirbellose Wassertiere (Kapitel 3 der Kombinierten Nomenklatur, ausgenommen Unterpositionen 0301 11 00 und 0301 19 00).

4. Milch und Milcherzeugnisse; Vogeleier; natürlicher Honig; genießbare Waren tierischen Ursprungs, anderweit weder genannt noch inbegriffen (Kapitel 4 der Kombinierten Nomenklatur).

5. Gemüse und trockene, ausgelöste Hülsenfrüchte, auch geschält oder zerkleinert (Positionen 0701 bis 0714 der Kombinierten Nomenklatur).

6. Genießbare Früchte und Nüsse (Positionen 0801 bis 0813 der Kombinierten Nomenklatur).

7. Gewürze (Positionen 0904 bis 0910 der Kombinierten Nomenklatur).

8. Getreide (Kapitel 10 der Kombinierten Nomenklatur).

9. Müllereierzeugnisse (Positionen 1101 bis 1104 der Kombinierten Nomenklatur).

10. Mehl, Grieß, Flocken, Granulat und Pellets von Kartoffeln (Position 1105 der Kombinierten Nomenklatur).

11. Mehl und Grieß von trockenen Hülsenfrüchten der Position 0713; Mehl, Grieß und Pulver von Erzeugnissen des Kapitels 8 (Unterpositionen 1106 10 00 und 1106 30 der Kombinierten Nomenklatur).

12. Stärke von Weizen, Mais und Kartoffeln (Unterpositionen 1108 11 00, 1108 12 00 und 1108 13 00 der Kombinierten Nomenklatur).

13. Waren des Kapitels 12 der Kombinierten Nomenklatur, und zwar

a) Ölsamen und ölhaltige Früchte sowie Mehl daraus (Positionen 1201 bis 1208 der Kombinierten Nomenklatur),

b) Hopfen (Blütenzapfen), frisch oder getrocknet, auch gemahlen, sonst zerkleinert oder in Form von Pellets; Lupulin (Position 1210 der Kombinierten Nomenklatur),

c) Minze, Lindenblüten und -blätter, Salbei, Kamillenblüten, Holunderblüten und anderer Haustee (aus Unterposition 1211 90 86 der Kombinierten Nomenklatur),

d) Rosmarin, Beifuß, Basilikum und Dost in Aufmachungen für den Einzelverkauf als Gewürz (aus Unterpositionen 1211 90 86 der Kombinierten Nomenklatur),

e) Johannisbrot, Zuckerrüben, frisch, gekühlt, gefroren oder getrocknet, auch gemahlen; Steine und Kerne von Früchten sowie andere pflanzliche Waren (einschließlich nichtgerösteter Zichorienwurzeln der Varietät Cichorium intybus sativum) der hauptsächlich zur menschlichen Ernährung verwendeten Art, anderweit weder genannt noch inbegriffen (Unterpositionen 1212 91 20, 1212 91 80, 1212 92 00, 1212 94 00, 1212 99 und 1212 99 41 der Kombinierten Nomenklatur),

f) Stroh und Spreu von Getreide, roh, auch gehäckselt, gemahlen, gepresst oder in Form von Pellets (Position 1213 00 00 der Kombinierten Nomenklatur).

Auszüge aus dem Deutschen Umsatzsteuergesetz (UstG)

§ 13b Leistungsempfänger als Steuerschuldner

(1) Für nach § 3a Absatz 2 im Inland steuerpflichtige sonstige Leistungen eines im übrigen Gemeinschaftsgebiet ansässigen Unternehmers entsteht die Steuer mit Ablauf des Voranmeldungszeitraums, in dem die Leistungen ausgeführt worden sind.

(2) Für folgende steuerpflichtige Umsätze entsteht die Steuer mit Ausstellung der Rechnung, spätestens jedoch mit Ablauf des der Ausführung der Leistung folgenden Kalendermonats:

1. Werklieferungen und nicht unter Absatz 1 fallende sonstige Leistungen eines im Ausland ansässigen Unternehmers;

(…)

9. Lieferungen von Gold mit einem Feingehalt von mindestens 325 Tausendstel, in Rohform oder als Halbzeug (aus Position 7108 des Zolltarifs) und von Goldplattierungen mit einem Goldfeingehalt von mindestens 325 Tausendstel (aus Position 7109);

10. Lieferungen von Mobilfunkgeräten, Tablet-Computern und

Spielekonsolen sowie von integrierten Schaltkreisen vor Einbau in einen zur Lieferung auf der Einzelhandelsstufe geeigneten Gegenstand, wenn die Summe der für sie in Rechnung zu stellenden Entgelte im Rahmen eines wirtschaftlichen Vorgangs mindestens 5 000 Euro beträgt; nachträgliche Minderungen des Entgelts bleiben dabei unberücksichtigt;

11. Lieferungen der in der Anlage 4 bezeichneten Gegenstände, wenn die Summe der für sie in Rechnung zu stellenden Entgelte im Rahmen eines wirtschaftlichen Vorgangs mindestens 5 000 Euro beträgt; nachträgliche Minderungen des Entgelts bleiben dabei unberücksichtigt.

(...)

§ 12 Steuersätze

(1) Die Steuer beträgt für jeden steuerpflichtigen Umsatz 19 Prozent der Bemessungsgrundlage (§§ 10, 11, 25 Abs. 3 und § 25a Abs. 3 und 4).

(2) Die Steuer ermäßigt sich auf sieben Prozent für die folgenden Umsätze:

1. die Lieferungen, die Einfuhr und der innergemeinschaftliche Erwerb der in Anlage 2 bezeichneten Gegenstände mit Ausnahme der in der Nummer 49 Buchstabe f, den Nummern 53 und 54 bezeichneten Gegenstände;

(...)

4. die Leistungen, die unmittelbar der Vatertierhaltung, der Förderung der Tierzucht, der künstlichen Tierbesamung oder der Leistungs- und Qualitätsprüfung in der Tierzucht und in der Milchwirtschaft dienen;

(...)

8. a) die Leistungen der Körperschaften, die ausschließlich und unmittelbar gemeinnützige, mildtätige oder kirchliche Zwecke verfolgen (§§ 51 bis 68 der Abgabenordnung). Das gilt nicht für Leistungen, die im Rahmen eines wirtschaftlichen Geschäftsbetriebs ausgeführt werden. Für Leistungen, die im Rahmen eines Zweckbetriebs ausgeführt werden, gilt Satz 1 nur, wenn der Zweckbetrieb nicht in erster Linie der Erzielung zusätzlicher Einnahmen durch die Ausführung von Umsätzen dient, die in unmittelbarem Wettbewerb mit dem allgemeinen Steuersatz unterliegenden Leistungen anderer Unternehmer ausgeführt werden, oder wenn die Körperschaft mit diesen Leistungen ihrer in den §§ 66 bis 68 der Abgabenordnung bezeichneten Zweckbetriebe ihre steuerbegünstigten satzungsgemäßen Zwecke selbst verwirklicht,

b) die Leistungen der nichtrechtsfähigen Personenvereinigungen und Gemeinschaften der in Buchstabe a Satz 1 bezeichneten Körperschaften, wenn diese Leistungen, falls die Körperschaften sie anteilig selbst ausführten, insgesamt nach Buchstabe a ermäßigt besteuert würden;

(...)

§ 25a UStG

Differenzbesteuerung

(1) Für die Lieferungen im Sinne des § 1 Abs. 1 Nr. 1 von beweglichen körperlichen Gegenständen gilt eine Besteuerung nach Maßgabe der nachfolgenden Vorschriften (Differenzbesteuerung), wenn folgende Voraussetzungen erfüllt sind:

1. Der Unternehmer ist ein Wiederverkäufer. Als Wiederverkäufer gilt, wer gewerbsmäßig mit beweglichen körperlichen Gegenständen handelt oder solche Gegenstände im eigenen Namen öffentlich versteigert.

2. Die Gegenstände wurden an den Wiederverkäufer im Gemeinschaftsgebiet geliefert. Für diese Lieferung wurde

1. a) Umsatzsteuer nicht geschuldet oder nach § 19 Abs. 1 nicht erhoben oder

2. b) die Differenzbesteuerung vorgenommen.

3. Die Gegenstände sind keine Edelsteine (aus Positionen 7102 und 7103 des Zolltarifs) oder Edelmetalle (aus Positionen 7106, 7108, 7110 und 7112 des Zolltarifs).

§ 26 Durchführung, Erstattung in Sonderfällen

(1) Die Bundesregierung kann mit Zustimmung des Bundesrates durch Rechtsverordnung zur Wahrung der Gleichmäßigkeit bei der Besteuerung, zur Beseitigung von Unbilligkeiten in Härtefällen oder zur Vereinfachung des Besteuerungsverfahrens den Umfang der in diesem Gesetz enthaltenen Steuerbefreiungen, Steuerermäßigungen und des Vorsteuerabzugs näher bestimmen sowie die zeitlichen Bindungen nach § 19 Abs. 2, § 23 Abs. 3 und § 24 Abs. 4 verkürzen. Bei der näheren Bestimmung des Umfangs der Steuerermäßigung nach § 12 Abs. 2 Nr. 1 kann von der zolltariflichen Abgrenzung abgewichen werden.

(2) Das Bundesministerium der Finanzen kann mit Zustimmung des Bundesrates durch Rechtsverordnung den Wortlaut derjenigen Vorschriften des Gesetzes und der auf Grund dieses Gesetzes erlassenen Rechtsverordnungen, in denen auf den Zolltarif hingewiesen wird, dem Wortlaut des Zolltarifs in der jeweils geltenden Fassung anpassen.

(3) Das Bundesministerium der Finanzen kann unbeschadet der Vorschriften der §§ 163 und 227 der Abgabenordnung anordnen, dass die Steuer für grenzüberschreitende Beförderungen von Personen im Luftverkehr niedriger festgesetzt oder ganz oder zum Teil erlassen wird, soweit der Unterneh-

mer keine Rechnungen mit gesondertem Ausweis der Steuer (§ 14 Abs. 4) erteilt hat. Bei Beförderungen durch ausländische Unternehmer kann die Anordnung davon abhängig gemacht werden, dass in dem Land, in dem der ausländische Unternehmer seinen Sitz hat, für grenzüberschreitende Beförderungen im Luftverkehr, die von Unternehmern mit Sitz in der Bundesrepublik Deutschland durchgeführt werden, eine Umsatzsteuer oder ähnliche Steuer nicht erhoben wird.

(...)

§ 29 UStG

Umstellung langfristiger Verträge

(1) Beruht die Leistung auf einem Vertrag, der nicht später als vier Kalendermonate vor dem Inkrafttreten dieses Gesetzes abgeschlossen worden ist, so kann, falls nach diesem Gesetz ein anderer Steuersatz anzuwenden ist, der Umsatz steuerpflichtig, steuerfrei oder nicht steuerbar wird, der eine Vertragsteil von dem anderen einen angemessenen Ausgleich der umsatzsteuerlichen Mehr- oder Minderbelastung verlangen. Satz 1 gilt nicht, soweit die Parteien etwas anderes vereinbart haben. Ist die Höhe der Mehr- oder Minderbelastung streitig, so ist § 287 Abs. 1 der Zivilprozessordnung entsprechend anzuwenden.

(2) Absatz 1 gilt sinngemäß bei einer Änderung dieses Gesetzes.

Kapitel 15

Unternehmen fair besteuern

*„Die Steuersysteme der westlichen Länder wirken sich
negativ auf die Realwirtschaft aus."*

Ein Grund für den Niedergang der amerikanischen Industrie im letzten Jahrzehnt ist das Steuersystem. Es bietet kaum Anreize, in den USA zu investieren. Im Gegenteil: Das derzeitige Steuersystem vernichtet durch seine falschen Anreize Arbeitsplätze. Es duldet, dass Konzerne zum Zweck der Gewinnmaximierung ihre Produktionsstätten in Billiglohnländer mit niedrigen Sozial-, Sicherheits- und Umweltstandards auslagern. Wir müssen diesem Trend entgegenwirken und für Unternehmen Anreize setzen, damit wieder vermehrt im Land investiert wird. Mein Vorschlag ist eine „Investiere-in-Amerika-Steuerreform". Sie hat als wichtigstes Ziel, dass Offshore-Kapital wieder in die USA zuruckfließt und Investitionen im Ausland bestraft werden.

Das sind meine Vorschläge:

In einem ersten Schritt müssen Steuern auf jene Gewinne drastisch gesenkt werden, die US-Firmen im Land investieren. Das würde zu einem Rückfluss von Offshore-Kapital führen und die amerikanische Wirtschaft ankurbeln. Konzerne, die ihre Gewinne, die sie im Ausland erzielt haben, wieder in den USA investieren, müssen sie nur mit zehn Prozent versteuern. Die restlichen 90 Prozent fließen in Produktentwicklung, Anlagentechnik, Infrastruktur oder Büros im Heimatland der Firma.

Um den Kapitalabfluss ins Ausland und den Verlust von amerikanischen Arbeitsplätzen zu verhindern, sollte als zweiter Schritt eine 15-prozentige Steuer auf alle Investitionen, die amerikanische Unternehmen im Ausland tätigen, eingeführt werden. Es ist gegenüber der amerikanischen Gesellschaft und den amerikanischen Arbeitern nicht fair, dass die Gewinne, die dank ihrer harten Arbeit, ihres Erfindergeistes und ihres Knowhows lukriert werden, im Ausland investiert werden.

Amerikanische Unternehmen sollten in einem dritten Schritt bei der Einkommensteuer so wie amerikanische Staatsbürger behandelt werden. Jeder Amerikaner muss Steuern auf sein weltweit erworbenes Einkommen leisten. Firmen sollten dem gleichen System unterliegen und ihre weltweit erzielten Profite in den USA versteuern. Diese so zusätzlich generierten Steuereinnahmen sollten dann in die marode öffentliche Infrastruktur und in das Bildungs- und Gesundheitswesen investiert werden.

Im vierten und letzten Schritt würde meine „Investiere-in-Amerika-Steuerreform" verhindern, dass Unternehmen ihre Verluste aus dem Ausland mit den Gewinnen, die sie in den USA erzielen, gegenrechnen können, so wie das derzeit gehandhabt wird. Diese Politik hat zu einem Verlust von Millionen von Arbeitsplätzen vor allem im Produktionssektor in den USA geführt.

Als große amerikanische Konzerne damit begonnen haben, ihre Profite im Ausland zu parken und andere steuersparende Maßnahmen zu ergreifen, haben sie sich lediglich der aktuellen Gesetzeslage bedient. Sie haben weder Gesetze gebrochen noch sind sie diese umgangen. Das macht ihre Handlungen aber nicht weniger unfair gegenüber den hart arbeitenden Amerikanern, der Gesellschaft und dem ganzen Land.

Mit den von mir hier skizzierten Maßnahmen könnten wir ein gerechteres System zu Besteuerung von Unternehmen schaffen. Durch diese Reform hätten Millionen von amerikanischen Arbeitern wieder einen Job, viele Milliarden Dollar würden in die amerikanische Wirtschaft fließen und in Immobilien, Forschung und Entwicklung sowie in neue Technologien investiert werden. Mit meiner Reform würden in erster Linie die so dringend notwendigen Gelder in die amerikanische Realwirtschaft fließen, die auf Produktion und Export aufgebaut ist und das Rückgrat der amerikanischen Mittelklasse bildet.

Kapitel 16

Die Balance in der Politik wiederherstellen

„Das Dilemma der westlichen Demokratien ist, dass die Regierungen das Land bestmöglich verwalten sollten, ihre Entscheidungen aber primär von politischem Opportunismus bestimmt werden. Ich nenne das die Achillesferse der Demokratie."

Es ist schwer zu glauben, dass es keine politischen Parteien in Amerika gab, als George Washington der erste Präsident der Vereinigten Staaten wurde. Acht Jahre später warnte er in seiner Abschiedsrede als Präsident die Republik vor den Gefahren der Parteipolitik. Es sei die Pflicht der amerikanischen Bürger, die Macht der politischen Parteien zu beschränken, so Washington.

Es war seine tiefe Überzeugung, dass die Verankerung von Parteien im politischen System schlussendlich zu einer Diktatur der Parteipolitik führen würde, die den Willensbildungsprozess schwächen und die Macht des Volkes untergraben würde. Er warnte davor, dass sich die Parteien zum Schaden des Landes gegen die Vertreter der Bürger durchsetzen würden.

Viele Amerikaner sind heute der Meinung, dass Washingtons Prophezeiung eingetreten ist. Sie haben das Gefühl, dass die Macht der politischen Parteien, jene der Wähler aushöhlt und dass die Eigeninteressen der Politiker und ihrer Parteien über jenen der Wähler stehen. Das Land wird durch parteipolitische Kämpfe und Interessenskonflikte gelähmt. Als die Gründerväter die Verfassung und das politische System schufen, installierten sie eine Reihe von demokratischen Kontrollmechanismen.

Was sie allerdings nicht bedacht hatten und wovor Präsident Washington warnte, war die Etablierung der politischen Parteien und ihr stetiger Machtzuwachs. Eine neue Klasse an professionellen Politikern bildete sich heraus, deren Interesse nicht dem Volk, sondern den Parteien galt.

Aufgrund der Geschichte der USA müssen wir uns folgende Fragen stellen: Kann man ein System reformieren, das seit mehr als 200 Jahren beinahe unverändert Bestand hat? Noch wichtiger: Wie können wir das demokratische Gleichgewicht wiederherstellen? Wie können wir unser Regierungssystem „re-demokratisieren" und dem Volk seine Stimme zurückgeben? Mit anderen Worten: Wie können wir sicherstellen, dass die Macht der politischen Parteien eingeschränkt und durch die des Volkes ausgeglichen wird?

Dass die Politik geerdet wird und sich wieder auf den Volkswillen konzentriert und schneller reagiert, um politische Blockaden zu überwinden, ist eine Möglichkeit. Dazu sollte es allen politischen Parteien verboten werden, sich in die Wahl der Senatoren in irgendeiner Form einzubringen. Die Senatoren wären folglich unparteiisch und ordnungsgemäß gewählte Bürgervertreter. Sie hätten nach wie vor die gleichen Aufgaben, wie in der Verfassung festgeschrieben, und es gäbe weiterhin zwei Senatoren pro Bundesstaat. Der große Unterschied ist, dass die Senatoren unparteiische Bürger wären, unabhängig von Parteipolitik.

Jeder Bürger, der für den Senat kandidieren möchte, müsste, wie es die Verfassung vorschreibt, mindestens dreißig Jahre alt sein und mindestens fünfhundert Unterstützungsunterschriften sammeln. Die Kandidaten müssten außerdem in maximal vierhundert Worten erklären, warum sie sich als Senator für geeignet halten und einen einheitlich gestalteten Lebenslauf zur Verfügung stellen, der Auskünfte über Geburtsort, Ausbildung, Arbeitserfahrung und finanzielles Nettovermögen gibt.

Außerdem müssten alle Kandidaten ein zwei- bis dreiminütiges Video erstellen, indem sie sich präsentieren und erklären, wie sie ihre Aufgabe erfüllen und dem Land und seinen Bürgern nutzen wollen. Die Videobotschaften, die 400-Wort-Erklärungen und die Lebensläufe aller Kandidaten sollten an jeden Haushalt im entsprechenden Bundesstaat gesendet werden.

Werbemaßnahmen wären verboten und alle wahlrelevanten Ausgaben würden durch die öffentliche Hand abgedeckt. Die zwei Kandidaten mit den meisten Stimmen würden für ihren Bundesstaat in den Senat einziehen. Indem man Parteipolitik und parteipolitische Interessen aus der Wahl heraushält, kann man den politischen Stillstand überwinden, der zum einen die Wähler frustriert und zum anderen die Regierung bei der Umsetzung wichtiger Reformen blockiert.

Anstatt Repräsentativorgan für wohlhabende Amerikaner zu sein, die Millionen Dollar ausgeben, um gewählt zu werden, wäre der Senat eine Kammer für erfolgreiche amerikanische Bürger, deren oberstes Anliegen das Wohlergehen ihres Landes ist. Das Repräsentantenhaus würde in seiner derzeitigen Form fortbestehen. Auf diesem Wege würden wir uns mit kleinen Eingriffen einer ganzen Schicht parteipolitischer Vasallen entledigen und ein Gleichgewicht zwischen dem parteiendominierten Repräsentantenhaus und dem unparteiischen Senat schaffen. In diesem System wären Senatoren nicht weisungsgebunden, sie könnten unabhängig agieren und wären nicht an die jeweilige Parteidoktrin gebunden.

Oberstes Ziel eines Politikers ist es, gewählt und wiedergewählt zu werden. Das Dilemma der westlichen Demokratien ist, dass die Regierungen das Land bestmöglich verwalten sollten, ihre Entscheidungen aber primär von politischem Opportunismus bestimmt werden. **Ich nenne das die Achillesferse der Demokratie.**

Von Politikern sollte man erwarten können, dass sie die Interessen der Gesellschaft über ihre eigenen stellen. Daher wäre es sinnvoll, die Amtszeit von Politikern auf eine Legislaturperiode zu beschränken. Danach leben sie wieder als ganz normale Bürger unter den Gesetzen, die sie selbst geschaffen haben. Um persönliche, finanzielle Bereicherung auszuschließen, sollte eine verpflichtende Finanzprüfung für Personen, die öffentliche Ämter bekleiden, eingeführt werden. Diese sollte vor dem Amtsantritt stattfinden, etwa ein bis zwei Jahre nachdem das Amt abgelegt wurde, um mögliche Zahlungen im Austausch gegen politische Gefälligkeiten ausschließen zu können.

Ich bin davon überzeugt, dass die von mir beschriebenen Bürgervertreter der beste Weg sind, um sowohl parteipolitischen Stillstand als auch parteipolitische Vorherrschaft zu überwinden – zwei der größten Konstruktionsfehler einer von Parteien dominierten Demokratie. Die Bürgervertreter würden für ein Gleichgewicht der politischen Kräfte sorgen: Ihre Entscheidungen hätten den langfristigen wirtschaftlichen und sozialpolitischen Erfolg des Landes im Sinn, ohne die Fesseln der Parteipolitik.

Präsident Washington hatte recht, als er uns warnte, dass der Wille des Volkes eines Tages von der Tyrannei der politischen Parteien ausgehebelt werden würde. Auch der große britische Staatsmann Winston Churchill plädierte für die Schaffung eines unpolitischen Gremiums oder einer Kammer. Er war überzeugt, dass gewählte Politiker immer ihre eigenen, kurzfristigen Interessen vor die langfristigen wirtschaftlichen Interessen eines Landes stellen.

Mit den Bürgervertretern könnten wir uns ein gewisses Maß an Kontrolle von der politokratischen Klasse zurückholen, die fast alle westlichen Demokratien beherrscht. Sie wären auch eine neue und gewichtige Stimme in den politischen Entscheidungsprozessen und würden wie kleine Unternehmer, Investoren und erfolgreiche Bürger denken, handeln und entscheiden. Ihr primäres Ziel wäre das Wohlergehen des Landes.

Sie würden, aufgrund ihres Backgrounds, mehr Verständnis für wirtschaftspolitische Fragen und Problemstellungen aufbringen. Der gesunde Menschenverstand würde ein Comeback in der Politik feiern. Zwielichtige politische Praktiken, wie etwa die Bevorzugung und Finanzierung bestimmter Interessengruppen, würden damit der Vergangenheit angehören. Was am wichtigsten ist: Die Bürgervertreter hätten die Macht, den Würgegriff der politischen Parteien zu lockern, der unsere westlichen Demokratien lähmt.

Jeder Vorschlag, das politische System zu reformieren, muss folgenden Fragen standhalten: Ist der Vorschlag wirklich demokratisch? Ist er realisierbar? Kann er eingeführt werden, ohne im aktuellen System größere Störungen und Fehlfunktionen auszulösen? Ich denke, dass der Vorschlag, Bürgervertreter in den demokratischen Prozess einzubinden, all diesen Kriterien standhält.

Es ist wichtig, dass die Menschen ständig nach neuen Wegen suchen, das politische System zu verbessern. Letztendlich ist die Regierung nichts anderes als das Verwaltungssystem unseres Landes, und der langfristige Erfolg eines Staats ist von gutem Management abhängig. Ich bin davon überzeugt, dass Bürgervertreter die langfristigen, nationalen Interessen des Landes eher wahren würden als parteipolitische Vertreter. Sie hätten ein übergeordnetes Ziel: Das Land nach bestem Wissen und Gewissen vorwärtszubringen.

Ich denke, George Washington würde mir, wäre er heute noch am Leben, zustimmen.

Kapitel 17

Den Staatshaushalt ausgleichen

„Wenn du ein Unternehmen führst, spielt es keine Rolle,
wie fleißig deine Mitarbeiter in der Produktion sind,
solange du eine aufgeblähte Verwaltung hast, wird deine
Firma niemals konkurrenzfähig sein. Dasselbe gilt auch
für ein Land."

Jeder Hausbesitzer, Geschäftsmann oder Bauer weiß, dass er nicht mehr Geld ausgeben kann, als er einnimmt, sonst droht der Bankrott. Die Einzigen in unserer Gesellschaft, die diese elementare Geschäftsregel ignorieren, sind unsere Politiker. Um wiedergewählt zu werden, geben sie stets mehr Geld aus, als der Staat zur Verfügung hat. Das Resultat dieser Politik sind gewaltige Schuldenberge, die den hohen Lebensstandard der Bürger gefährden.

Um im globalen ökonomischen Wettkampf nicht den Anschluss zu verlieren, muss nicht nur die Wirtschaft, sondern auch der Staat effizienter werden. **Tatsache ist, wir sind zu hoch besteuert, überreguliert und überverwaltet.** Die Politik hat über die Jahre immer neue Behörden, Abteilungen, Institutionen und Ämter geschaffen und die Bürger haben diesem staatlichen Wildwuchs tatenlos zugesehen und ihn zugelassen. Es liegt im Naturell der meisten Politiker, ihre Position und Macht durch immer mehr Staat, mehr Umverteilung und mehr Bürokratie zu festigen. Wir müssen diese wirtschaftsfeindliche Überregulierung endlich stoppen.

Die überbordende staatliche Bürokratie ist einer der Hauptgründe für die stetig steigenden Ausgaben und Schulden eines Landes. Die Bevölkerungen der meisten Länder müssen Staatsapparate finanzieren, die sich immer weiter aufblähen und die immer größere Teile der nationalen Wirtschaftsleistung verschlingen und in noch mehr Bürokratie umwandeln. Ein Teufelskreis mit immer höheren Steuern für Bürger und Unternehmen, und sich immer weiter verschlechternden wirtschaftlichen Rahmenbedingungen.

Ich verwende dafür gerne folgende Analogie, um diese Entwicklung zu illustrieren: Wenn du ein Unternehmen führst, spielt es keine Rolle, wie fleißig deine Mitarbeiter in der Produktion sind, solange du eine aufgeblähte Verwaltung hast, wird deine Firma niemals konkurrenzfähig sein. Dasselbe gilt auch für ein Land.

Regierungen haben die Macht, über Steuereinnahmen so viel Geld zu lukrieren, wie sie benötigen. Warum machen entwickelte Länder trotzdem Schulden? Und warum leihen Banken Regierungen nicht nur gerne Geld, sondern ermutigen sie sogar, noch mehr auszuleihen? Die Wahrheit ist, dass sowohl Banken als auch Regierungen davon profitieren. Banken bevorzugen die Sicherheit und Garantie von Staatsanleihen gegenüber riskanten Investments in die Privatwirtschaft, und Regierungen bevorzugen es, sich Geld von Banken zu leihen, um im Gegenzug die Steuern nicht erhöhen zu müssen und damit den Zorn der Wähler auf sich zu ziehen. Das Resultat ist eine immer höhere Schuldenbelastung und Geldentwertung. Wir nähern uns dem Punkt, an dem es nicht mehr möglich sein wird, diese Schulden zu begleichen. Dieser Prozess schwächt und unterjocht künftige Generationen, die einen riesigen Schuldenberg begleichen müssen.

Wir werden von einer neuen gesellschaftlichen Klasse beherrscht. Ich nenne sie die *Politokraten*: Politiker und Bürokraten, die gemeinsam daran arbeiten, neue Bestimmungen, Verordnungen und ständig wachsende Regierungsprogramme zu kreieren, um diese dann als Gesetze zu erlassen.

Früher, in den 1970er-Jahren, gab es eine Zeit, als Computerfirmen den Unternehmen ihre Produkte als unglaublich effizienzsteigernd anpriesen, sie würden ganze Etagen von Angestellten überflüssig machen. Heute, fast 50 Jahre später, sieht man überall riesige Bürokomplexe mit unzähligen Angestellten, die Stunde um Stunde damit verbringen, behördliche Vorschriften zu erfüllen und Dokumentenstapel zu erzeugen. Das alles ist Teil einer massiven Datenbürokratie, die die Wirtschaft zu ersticken droht. Wir müssen das Wachstum der Staatsbürokratie stoppen und schrittweise die Regierung durch gezielte Kürzungen der Staatsausgaben verkleinern. Das kann ohne Gefährdung von Umwelt, Bildung, Verteidigung und Gesundheit erreicht werden, indem man die jährlichen Staatsausgaben über einen Zeitraum von fünf Jahren um fünf bis zehn Prozent pro Jahr verringert. Diese Maßnahme würde die Staatsausgaben nicht nur um Milliardenbeträge senken, sondern vor allem die Unternehmen von überflüssigen, kosten- und zeitintensiven Vorschriften und Regulierungen befreien. Die Wirtschaft würde dadurch einen regelrechten Boom erleben.

Ein Bereich des Staatshaushalts, der vollkommen aus dem Ruder gelaufen ist, ist das Sozialsystem. Das soziale Sicherheitsnetz, das westliche Demokratien nach der Weltwirtschaftskrise gespannt haben, sollte die Bürger ursprünglich absichern, um auch in wirtschaftlich harten Zeiten nicht unter die Räder zu kommen. Über die Zeit wurde dieses Netz jedoch immer engmaschiger, größer und mit zahlreichen zusätzlichen Sozialleistungen ausgestattet.

Jahrzehnte von solchen Wohlfahrtsprogrammen haben eine wachsende Klasse von Menschen geschaffen, die einen Großteil ihres Lebens untätig sind und am Tropf des Staates hängen, obwohl sie geistig und körperlich völlig gesund sind. Die Schlüsselfrage im Hinblick auf Sozialleistungen ist: Können wir Armut unter Berücksichtigung der menschlichen Würde reduzieren und gleichzeitig die staatlichen Ausgaben kürzen? Ja, ich glaube, dass das möglich ist!

Ich schlage vor, dass jeder Mensch, der staatliche Unterstützung benötigt, mit einer vom Staat ausgegebenen Kreditkarte ausgestattet wird. Diese sollte über einen monatlichen Maximalbetrag verfügen, der für Nahrung, Unterkunft und Bekleidung verwendet werden darf. Diese Karte würde garantieren, dass die Empfänger ihren Grundnahrungsmittelbedarf, sowohl individuell als auch für ihre Familie, decken können. Für alles andere, das nicht unbedingt gebraucht wird, wie etwa Alkohol, Tabak oder Glücksspiel, ist die Karte gesperrt. Im Wesentlichen wird also sichergestellt, dass jeder Bürger mit Nahrungsmitteln, einer leistbaren Wohnung, Bekleidung und anderen Notwendigkeiten des täglichen Lebens versorgt ist. Nicht mehr und nicht weniger.

Parallel dazu sollte der Staat künftig viel genauer hinsehen, wenn es um das Wohl und die Zukunft der Kinder geht. Er sollte schneller intervenieren, wenn Kinder physischer oder psychischer Gewalt ausgesetzt sind, sie vernachlässigt oder sonst wie misshandelt werden. In einer Idealgesellschaft werden alle Kinder von liebevollen und fürsorglichen Eltern aufgezogen. Die Realität sieht leider anders aus: Viele Kinder wachsen in zerrütteten Familienverhältnissen auf, mit drogenabhängigen oder psychisch vorbelasteten Eltern, die meist nicht einmal in der Lage sind, sich um sich selbst zu kümmern, geschweige denn um ihre Kinder.

Menschen, die in einem solchen Umfeld groß werden, haben später oft dieselben Probleme wie ihre Eltern, was sie ein Leben lang in staatliche Abhängigkeit drängt. Man muss sich überlegen, ob es nicht besser wäre, diese Kinder in staatlicher Obhut aufwachsen zu lassen, wo sie Zugang zu Bildung, Nahrung und Sport bekämen.

Wir haben unsere Sozialsysteme nun lange genug getestet, um eines zweifelsfrei sagen zu können: Sie funktionieren schlicht und einfach nicht. Wir haben ein System geschaffen, das Armut von einer Generation an die nächste weitervererbt. Die Einführung der Sozialkreditkarte hilft dabei, den ursprünglichen Sinn der Sozialhilfe wiederherzustellen, nämlich eine zeitlich begrenzte Hilfestellung in schweren Zeiten, und garantiert Sicherheit für alle, die Aufgrund von Unfällen oder chronischen Krankheiten nicht in der Lage sind, für sich selbst zu sorgen.

Jeder Bürger erkennt instinktiv, dass die wirtschaftliche und politische Entwicklung seines Landes in eine völlig falsche Richtung läuft. Jeder weiß, dass wir zu hoch besteuert werden, überreguliert und überverwaltet sind. Mit den Folgen und Lasten dieser verfehlten Politik müssen wir und die nachfolgenden Generationen leben. Auf die eine oder andere Art werden wir alle dafür zahlen müssen und wir setzen mit diesem Verhalten die Zukunft unserer Kinder und Enkelkinder aufs Spiel.

Es ist höchste Zeit, dass allen klar wird, dass wir diese enormen Schulden zurückzahlen und dass wir die politischen Entscheidungsträger zwingen müssen, dem weiteren Schuldenmachen ein Ende zu bereiten. Wenn wir sofort handeln, indem wir schrittweise die Staatsausgaben senken und allmählich die Bürokratie abbauen, können wir einen Rahmen schaffen, der für eine langfristige Erholung der Wirtschaft und dem damit verbundenen Wirtschaftswachstum notwendig ist.

Kapitel 18

Die Schulden und Ausgaben des Staates senken

„Es gibt keinen anderen Ausweg: Auf die eine oder andere Art werden wir die gigantischen Staatsschulden zurückzahlen müssen. Letztendlich zerstören wir die Zukunft unserer Kinder und Enkelkinder."

E s reicht ein Blick auf die Schuldenuhr der USA. In der Zeit, als dieses Buch geschrieben wurde, sind die Zinsen pro Stunde um 100 Millionen Dollar angestiegen, zusätzlich zu den bereits bestehenden 20 Billiarden Dollar Schulden. Auch Österreich hat in den vergangenen Jahren einen gewaltigen Schuldenberg angehäuft. Derzeit sind es knapp 300 Milliarden Euro. Das sind aber nur die offiziellen Zahlen, rechnet man die versteckten Staatsschulden und die durch das Pensions- und Gesundheitssystem gebundenen Gelder dazu, ist der Schuldenberg um ein Vielfaches höher.

Die immer weiter steigenden Staatsschulden der westlichen Länder sind wie eine schleichende Krankheit, die die Wirtschaft schwächt, Währungen abwertet und den Lebensstandard gefährdet. Es ist eine Krankheit, die zuerst beschwerdefrei und unbemerkt verläuft. Wird sie erkannt, ist es meist zu spät, und die Wirtschaft bereits unheilbar krank.

Die Raten steigen immer weiter, bis zu dem Punkt, wo das hochverschuldete Land zahlungsunfähig wird, weil es nicht mehr in der Lage ist, sich frisches Geld zu beschaffen. Ein wirtschaftlicher Zusammenbruch ist dann unausweichlich. Über Jahrzehnte hinweg haben westliche Länder über ihre Verhältnisse gelebt und mehr Geld ausgegeben, als sie eingenommen haben. Nun müssen wir mit diesen gewaltigen Schuldenbergen leben. Wenn Privatpersonen oder Unternehmen so handeln, schlittern sie unausweichlich in die Pleite. Staaten können diesen Prozess hingegen sehr lange hinauszögern, weil sie immer wieder frisches Geld drucken können. Deshalb sind die Folgen eines Staatsbankrotts wesentlich weitreichender. Anders als beim Privat- oder Geschäftskonkurs ist jeder Bürger betroffen und die Auswirkungen sind ebenso katastrophal wie langwierig.

Staatsschulden sind wie ein sich ausbreitendes Krebsgeschwür, das unseren Lebensstandard von innen heraus aushöhlt, unser Vermögen auffrisst und den Handlungsspielraum künftiger Regierungen so stark einschränkt, dass sie nicht mehr in der Lage sind, die Bürger so zu versorgen, wie diese es gewohnt sind. Während reiche Menschen am wenigsten von einem solchen Szenario betroffen sein werden, da sie viele Optionen haben und ihr Geld rechtzeitig in Sicherheit bringen, trifft es die Armen mit voller Wucht. Sie und alle anderen, die vom Staat abhängig sind, werden noch ärmer, weil die Regierung gezwungen ist, ihre Sozialhilfeleistungen wegen sinkender Steuereinnahmen und steigendem Schuldendienst zu kürzen. Noch härter trifft es die Mittelklasse. Sie hat am meisten zu verlieren, von der privaten und staatlichen Pensionsvorsorge über den Wertverlust ihrer Immobilien und höherer Steuerlast bis hin zur sinkenden Kaufkraft.

Den meisten Politikern ist durchaus bewusst, dass die Staatsausgaben außer Kontrolle geraten sind. Es ist ihnen aber egal, weil ihnen ihre persönliche Position und Machtfülle wichtiger als die Zukunft eines ganzen Landes ist. Deshalb tun sie alles, um den

Tag hinauszuzögern, an dem die Rechnung fällig wird. Sie stellen das eigene Wohl und den politischen Machterhalt über das langfristige wirtschaftliche Wohlergehen der Nation. Man kann dieses Verhalten mit Eltern vergleichen, die ihre Kinder über alle Maßen verwöhnen, obwohl sie wissen, dass es nicht gut für sie und ihren weiteren Lebensweg ist. Trotzdem können wir die gesamte Verantwortung der Misswirtschaft und Verschuldung nicht auf die Politiker abwälzen. Schließlich waren wir es, die solche Politiker mit der Erwartung gewählt haben, immer mehr kreditfinanzierte Leistungen vom Staat zu bekommen.

Politiker werden immer der Versuchung erliegen, sich ihre Wähler mit Geldern, die sie nicht haben, zu kaufen. Es liegt demzufolge in der Verantwortung der Wähler, diesen Verlockungen zu widerstehen und das langfristige Allgemeinwohl im Auge zu behalten. Die explodierende Staatsverschuldung mündet immer in einem Teufelskreis aus steigendem Schuldendienst, der mit Steuererhöhungen bedient wird, bei gleichzeitig sinkenden Ausgaben für Gesundheit, Sicherheit und Soziales. Die Schuldenblase wächst so lange, bis sie platzt.

Den meisten Menschen ist aus eigener Erfahrung bewusst, dass unkontrollierte Ausgaben ihren Lebensstandard mittelfristig senken werden. Nehmen wir die letzten zehn Jahre als Beispiel: Während sich der Preis vieler Konsumgüter beinahe verdoppelt hat, sind die Gehälter relativ unverändert geblieben. Das bedeutet, dass die Menschen wesentlich härter arbeiten müssen, um ihren Lebensstandard und ihre Kaufkraft der letzten zwanzig Jahre auf dem gleichen Niveau halten zu können. Der Grund dafür ist einfach: die ungesunde Mischung aus steigenden Staatsschulden und einer übermächtigen Polit-Bürokratie.

Es liegt an den Wählern, die Regierungen an die Leine zu nehmen, damit sie nicht noch mehr Schulden aufnehmen, damit sie den Staatshaushalt ausgleichen und nicht mehr Geld ausgeben, als sie durch Steuereinnahmen hereinbekommen. Außerdem braucht es für den Schuldenabbau strenge Vorgaben mit zeitlich genau definierten Zielen. Die Ausgaben müssen ebenfalls gesenkt werden: Bei einer jährlichen Reduktion in der Höhe von fünf Prozent über einen Zeitraum von fünf Jahren wäre in nur einer Amtszeit eine Ausgabensenkung um 25 Prozent möglich – das entspricht einem Viertel des Budgets.

Weiters schlage ich vor, eine Sonderkommission einzurichten, deren einzige Aufgabe der Abbau von Bürokratie ist. Diese Task Force würde von einem freiwilligen Beratungsgremium geführt, das sich aus Experten aus Industrie, Wirtschaft, Medizin, Bildung, Wissenschaft, Landwirtschaft etc. zusammensetzt. Diese Kommission muss sich durch das Dickicht aus Regulierungen, Gesetzen und Vorschriften kämpfen, die so gut wie jeden Aspekt unseres Lebens bestimmen.

Es geht darum, dieses komplexe Regelwerk zu reduzieren und deutlich einfacher zu gestalten. Ist es wirklich so schwer, 50 Seiten lange Bestimmungen auf fünf Seiten zu kürzen? Auch die Bürokraten selbst müssen in diesen Aufräumprozess miteinbezogen werden. Und zwar mit finanziellen Anreizen, damit sie Verschwendung, Doppelgleisigkeiten und Ineffizienzen aufspüren.

Belohnung und Strafe sind in unserem Leben stets die bestimmenden Faktoren. Sprich: Wir sollten für Beamte finanzielle Anreize schaffen, damit sie erfolgreich Bürokratie abbauen. Zum Beispiel wären Bonuszahlungen von 10 bis 20 Prozent der eingesparten jährlichen Kosten möglich, wenn etwa eine Abteilung gestrichen oder verkleinert wird.

Unsere Gesellschaften haben sich weit von dem Grundprinzip entfernt, wonach eine Regierung nur für die Kernaufgaben eines Staates verantwortlich ist. Stattdessen hat sich die allgemeine Meinung durchgesetzt, dass der Staat von der Wiege bis zur Bahre alles regeln soll, unabhängig davon, ob es finanzierbar ist und ob die Menschen diese Bevormundung und Leistungen überhaupt brauchen oder wollen. Eine simple Tatsache scheint in Vergessenheit geraten zu sein: **Eine Regierung kann nur hergeben, was sie uns vorher genommen hat.** Nicht zu vergessen: Ein nicht unbeträchtlicher Teil der Steuereinnahmen verpufft in der Verwaltung dieses Apparates.

Das System prägt die Menschen. Wenn ein großer Teil der Gesellschaft in der einen oder anderen Form auf den Staat angewiesen ist, entsteht eine Kultur, in der es nur wenig Anreize gibt, produktiv zu sein und Wohlstand zu schaffen. Immer mehr Menschen sind davon überzeugt, dass der Staat sich um sie kümmern muss. Auf der anderen Seite wächst aber auch eine Gruppe von Kritikern, denen klar ist, dass die staatliche Kuh nicht ewig gemolken werden kann. Wir werden vermutlich einen Punkt erreichen, wo die Kuh keine Milch mehr geben kann.

Kapitel 19

Die Balance im Bildungssystem wiederherstellen

„Wer unterrichtet die Lehrer?"

In unserem Bildungssystem läuft einiges falsch. Immer weniger jungen Menschen werden jene Fähigkeiten vermittelt, die den Grundstein für eine berufliche Karriere legen und die man braucht, um ein produktiver und engagierter Bürger zu werden. Es zählt zu den wichtigsten Aufgaben des Bildungswesens, Menschen die grundlegenden Werte einer Gesellschaft zu vermitteln.

Viele dieser Werte, die in Amerika nach wie vor die Gesellschaft prägen, wie zum Beispiel die demokratischen Grundrechte und Freiheiten, unser demokratisches Regierungssystem und die freie Marktwirtschaft, die uns zu großem Wohlstand verholfen hat, werden nicht mehr mit der gleichen Leidenschaft und Überzeugung gelehrt und verteidigt, wie noch vor wenigen Jahrzehnten.

Deshalb glaube ich, dass wir ein nationales Werteprogramm brauchen. Es soll unsere nachfolgende Generation inspirieren und ihnen die Grundwerte vermitteln, die Amerika groß gemacht haben. Zu diesen Werten gehören die „Bill of Rights", die unter anderem die Religionsfreiheit, die Redefreiheit, die Versammlungsfreiheit, das Recht auf freie und uneingeschränkte Pressefreiheit und das Recht auf ein Schwurgerichtsverfahren garantieren.

Auch unser demokratisches Regierungssystem und die Prinzipien der Demokratie zählen zu diesen Werten. Ebenso wichtig ist ein Verständnis dafür, wie Wohlstand – die Grundlage unseres freien Wirtschaftssystems – geschaffen wird und wie die Regierung diesen Wohlstand besteuert und neu verteilt. Dafür ist es wichtig zu wissen, wie sehr sich der Kapitalismus vom Sozialismus unterscheidet, einem Wirtschaftssystem, das sich im letzten Jahrhundert auf der ganzen Welt ausgebreitet hat und den Kapitalismus direkt bedroht.

Darüber hinaus sollte den jungen Menschen vermittelt werden, wie wichtig eine intakte Umwelt für ein gesundes Leben ist. Dieses Werteprogramm sollte während der gesamten Schulzeit für alle Schüler verpflichtend sein. Es wäre das Bindemittel, das die amerikanische Gesellschaft zusammenhält; wenn man so will, das Herzstück dessen, wofür Amerika steht.

Wir dürfen niemals vergessen, dass die Vereinigten Staaten von Amerika von Menschen gegründet und aufgebaut wurden, die sich nach Freiheit und neuen Möglichkeiten sehnten. Diese Werte bilden bis heute das Fundament der amerikanischen Gesellschaft und sie sind der Grund, warum bis heute Millionen Menschen in die USA auswandern, um sich ein neues und besseres Leben in Freiheit aufzubauen.

Unser Bildungssystem ist aus dem Gleichgewicht geraten. Fitness, Gesundheit und sportliche Wettkämpfe müssen ebenso wie eine gesunde Ernährung, vor allem in den unteren Schulstufen, wieder in den Vordergrund gerückt werden. Vor allem aber sollte das Erlernen von praktischen und handwerklichen Fähigkeiten denselben Wert im Lehrplan haben, wie die Vermittlung von akademischem Wissen.

In einem ersten Reformschritt müssen die öffentlichen Ausgaben gesenkt und die Effizienz des Bildungswesens erhöht werden. Die Gebäude und Außenflächen, die für die Schulausbildung genutzt werden – also Schulen und Sportplätze – sind in der Erhaltung extrem teuer und könnten wesentlich effizienter genutzt werden. Die traditionellen Sommerferien sind ein Überbleibsel aus dem 19. Jahrhundert, als die Farmer ihre Kinder im Sommer noch für die Erntearbeit brauchten. Diese Zeiten sind lange vorbei und es wäre wesentlich sinnvoller und wirtschaftlicher, das ganze Jahr über zu unterrichten und die lange Sommerpause durch kürzere vierteljährliche Ferien zu ersetzen.

Wir müssen die Kinder wieder an das Handwerk heranführen. Unser Bildungssystem produziert derzeit viel zu viele Sozial- und Geisteswissenschaftler und viel zu wenige Installateure oder Elektriker.

Als ich 14 Jahre alt war, nahm mich meine Mutter bei der Hand und marschierte mit mir in die Fabrik, in der sie arbeitete, und sie fragte ihren Vorarbeiter nach einer Lehrstelle für mich. Die praktischen Fähigkeiten, die ich damals gelernt habe, waren die Grundlage für meinen späteren Geschäftserfolg.

Bis heute ist es in Europa üblich, dass junge Menschen, die nicht studieren wollen, bereits mit 14 Jahren eine Berufsausbildung beginnen. Viele Amerikaner halten das für zu früh. Ich bin dagegen überzeugt, dass Schüler bis zu ihrem 16. Geburtstag bereits erste Erfahrungen in einem oder mehreren Handwerks- oder Industriejobs gesammelt haben sollten.

Ich meine damit Jobs in der Landwirtschaft und Lebensmittelverarbeitung, der Holz-, Kunststoff- und Metallverarbeitung, der Tischlerei, in der Elektronik und in anderen Bauberufen.

Die Schüler sollten rund ein halbes Jahr einen Beruf kennenlernen und anschließend rund zwei Jahre lang zwischen verschiedenen anderen Berufen wechseln. Dieses Bildungsmodell würde helfen, jene qualifizierten Techniker und Handwerker auszubilden, die unser Land so dringend benötigt – von Zimmerleuten und Mechanikern bis hin zu Schneidern und Köchen.

Die Schulen sollten enger mit der Industrie zusammenarbeiten und jenes Basiswissen vermitteln, das für das Erlernen eines Handwerksberufes notwendig ist. Auch die Schulen selbst sollten Ausbildungsplätze schaffen und anbieten. Denkbar wäre etwa, dass Schüler auf schuleigenen Flächen Landwirtschaft betreiben. So könnte zum Beispiel in Gewächshäusern ganzjährig Obst und Gemüse angebaut und geerntet werden. Die Jugendlichen aus verschiedenen Highschools eines Distrikts arbeiten auf diesen landwirtschaftlich genutzten Flächen, um sich mit der Lebensmittelindustrie vertraut zu machen. Die dort produzierten Nahrungsmittel könnten in den Schulkantinen verwendet werden. Die Berufsmöglichkeiten werden der jeweiligen Region des Landes angepasst. An den Küsten werden etwa Ausbildungsplätze in der Fischfangindustrie, in den nördlichen Regionen vermehrt in der Holz- und Forstwirtschaft angeboten.

Die Gelder, die derzeit in das Bildungswesen fließen, müssen neu verteilt werden. Universitäten erhalten weniger finanzielle Mittel, dieses Geld fließt stattdessen in Fachschulen und Ausbildungsstätten, die praktisches und technisches Wissen vermitteln. Als Vorbilder könnten die im 19. Jahrhundert gegründeten staatlichen Land-Grant-Universitäten dienen, deren Schwerpunkte auf Landwirtschaft, Naturwissenschaften, Produktion und Technik liegen. Diese Universitäten haben dazu beigetragen, die industrielle Revolution des frühen zwanzigsten Jahrhunderts voranzutreiben, eine Revolution, die ganz neue Industriezweige, wie etwa die Luftfahrt und die Automobilindustrie, hervorgebracht hat.

Die Schüler sollten dazu verpflichtet werden, nach dem High-school-Abschluss zwei bis drei Jahre lang zu arbeiten, bevor sie mit einem Studium an einer Universität beginnen dürfen. Eine akademische Ausbildung sollte als ein Privileg und nicht als ein Recht betrachtet werden, da nicht jeder dafür geeignet ist. Diese praktische Berufserfahrung vor dem Beginn eines Universitätsstudiums wäre für die Studenten ein großer Gewinn, da sie nicht nur praktisch Erfahrungen sammeln, sondern auch ihre Talente und Fähigkeiten in der Praxis testen können. Das hilft ihnen, jenes Berufsfeld zu finden, das sie interessiert und in dem sie gut sind. Wenn man das tut, was man liebt, wird man mit genügend Anstrengung und Eifer auch Erfolg haben. Dazu muss man aber wissen, was einem liegt. Deshalb halte ich eine solche berufliche Orientierungsphase vor Studieneintritt für sehr sinnvoll.

Darüber hinaus profitiert auch die Gesellschaft als Ganzes von einem solchen System. Viele erfolgreiche Unternehmer und Manager haben ihre Karriere in einer Werkstatt oder Fabrikhalle begonnen und sich Schritt für Schritt nach oben gearbeitet. Ihr akademisches Wissen erwarben sie, als sie sich in ihrer Branche bereits etabliert hatten. Das Wissen und die Erfahrungen, die die Grundlage für beruflichen Erfolg sind, eignet man sich am besten in Fabriken, Farmen und Werkstätten an.

Ein anderer vernachlässigter Bereich unseres Bildungssystems ist der Wettbewerb. Dabei sind Konkurrenz und Wettbewerb so wichtig im Leben. Wir müssen den Wettbewerbsgeist und die Lust, sich miteinander zu messen, wieder neu entfachen, müssen in den Schulen das fördern, was ich als „Sportsgeist" bezeichne.

In den 1980er-Jahren, als Michail Gorbatschow weitreichende Wirtschaftsreformen in der ehemaligen Sowjetunion umsetzte, war Magna der erste nordamerikanische Industriebetrieb, der ein Werk hinter dem Eisernen Vorhang errichtete. Auf einem meiner Besuche zeigte mir ein hochrangiger Vertreter der kommunistischen Führung mehrere sowjetische Autofabriken.

Nachdem ich einige dieser Werke besucht und festgestellt hatte, dass ein Großteil der Maschinen und Produktionsstraßen so aussahen, als würden sie noch aus der Zeit von Henry Ford stammen, fragte mich der sowjetische Minister, was ich von den Anlagen halten würde. „Nicht viel", antwortet ich, „ich glaube nicht, dass ihr qualitativ hochwertige Autos zu einem guten Preis erzeugen könnt, und ihr könnt auch nicht genug produzieren, um die Nachfrage im Land zu decken". Und ich sagte ihm zudem: „Wissen Sie, warum Ihr Land bei den Olympischen Spielen so gut ist? Wegen der Konkurrenz. Gäbe es nur einen Läufer im Rennen, hätte die Zeit keine Bedeutung. Sogar ein stark Übergewichtiger könnte gewinnen."

Fairer Wettbewerb ist das, was sportliche Wettkämpfe und Sport an sich ausmacht und auszeichnet. **Unsere Schulen müssen diesen Sportsgeist durch mehr sportliche Aktivitäten und Wettkämpfe in unseren Kindern wecken und fördern.** Die jungen Menschen lernen so, Wettbewerb als etwas Positives und Erfüllendes zu begreifen, was wiederum soziale Kompetenzen wie Entschlossenheit, Führungsstärke, Teamarbeit und Ausdauer fördert.

Diese Ideen sind nicht neu, bereits im antiken Griechenland und in Rom waren sportliche Wettkämpfe ein zentrales Element bei der Erziehung und Ausbildung Heranwachsender. Viele Gesellschaften haben offenbar vergessen, wie wichtig sportliche

Aktivitäten und Wettkämpfe für die Charakterbildung sind. Die USA bilden hier eine Ausnahme.

Am Ende einer jahrelangen Schulausbildung sollte ein junger Mensch stehen, der durch sein Wissen, seine Geisteshaltung und seine Kompetenzen einen wertvollen Beitrag für die Gesellschaft leisten kann und will. **Ich nenne diesen Ansatz „Lifestyle Education". Das bedeutet die Vermittlung grundlegender Prinzipien und Techniken, die es unseren jungen Menschen ermöglichen, ein gesundes, ausgeglichenes und produktives Leben zu führen.** Gesunde Ernährung und die entsprechende Information dazu, sind ein wichtiger Bestandteil der „Lifestyle Education". Alle Schulkinder bis zwölf Jahre sollten täglich zumindest eine gesunde Mahlzeit erhalten und von klein auf vermittelt bekommen, wie wichtig Gesundheit und richtige Ernährung sind.

Auch die Lehrerausbildung muss grundlegend reformiert werden. Wir müssen uns überlegen, wer die Lehrer unterrichtet. Viele Lehrende an unseren Schulen, Hochschulen und Universitäten sind der Wirtschaft gegenüber skeptisch, manche sogar feindlich eingestellt. Einige Lehrer sind der Überzeugung, dass Unternehmen nur dann erfolgreich sein können, wenn sie Arbeiter ausbeuten oder andere zwielichtigen Praktiken anwenden. Unser Lehrpersonal muss wieder lernen, dass Profit nichts Böses und nichts Unanständiges ist. Diese negative Einstellung der Lehrer gegenüber der freien Wirtschaft hält viele junge Menschen davon ab, selbst Unternehmer werden zu wollen.

Deshalb ist es so wichtig, unser Bildungssystem und die Wirtschaft wieder enger zusammenzuführen. Lehrer und Schüler müssen wieder lernen, wie wichtig die Wirtschaft für das Funktionieren unserer Gesellschaft ist. Das gesamte Schulsystem muss auf das Ziel ausgerichtet werden, Wohlstand zu schaffen, damit wir unseren Lebensstandard halten können. Bezieht man Unternehmen wieder mehr in das Bildungssystem mit ein, würde das auch die Skepsis und negativen Einstellungen vieler Studenten gegenüber der Wirtschaft zerstreuen.

Jeder, der Lehrer werden möchte, sollte deshalb mindestens zwei Jahre lang Erfahrungen in anderen Berufen sammeln. Bei der Einstellung von Lehrkräften sollten jene mit längerer Berufserfahrung bevorzugt werden, da sie besser geeignet sind, den Schülern ein fundiertes praxisorientiertes Wissen zu vermitteln und bessere Einsichten in das Berufsleben zu geben.

Auch die Eltern müssen wieder stärker in das Bildungssystem miteinbezogen werden. Als ich nach vielen Jahren in Nordamerika wieder für einige Zeit nach Österreich zurückkehrte, um eine politische Bewegung aufzubauen, war ich erstaunt, dass es an den österreichischen Schulen keine Gremien mit demokratisch gewählten Mitgliedern gab, und die Eltern auch keinerlei Mitsprache beim Lehrplan oder der Einstellung von Lehrpersonal hatten. Das österreichische Bildungssystem wird von den Gewerkschaften kontrolliert, der Lehrplan ist durchsetzt von sozialistischem Gedankengut und weit entfernt von den Grundwerten und Prinzipien eines freien Wirtschaftssystems und einer freien Gesellschaft.

Und zu guter Letzt müssen wir uns mehr anstrengen, um unserer Jugend beizubringen, wie man wirtschaftlich frei wird. **Ich glaube, die meisten Menschen streben nach persönlicher Freiheit, dem Recht, seinen eigenen Weg zum Glück zu finden, in Verbindung mit wirtschaftlicher Freiheit, sprich: finanzieller Unabhängigkeit.** Es erstaunt mich immer wieder, dass die Gesellschaft nicht mehr dazu beiträgt, die wirtschaftliche Freiheit der Einzelnen zu fördern bzw. Unternehmer ermutigt, durch Kapitalbeteiligung die Arbeitnehmer zu Teilhabern zu machen.

Gleichzeitig sollten wir unseren Kindern von Anfang an vermitteln, wie wichtig es ist, der Gesellschaft etwas zurückzugeben. Wenn ich mit Studenten spreche, betone ich gerne, welches Glück sie haben, studieren zu dürfen und dass sie das Recht haben, das dabei erworbene Wissen, für ihren persönlichen Vorteil zu nutzen. Dabei sollten sie aber nie vergessen, dass sie einen Teil dieses Wissens und ihres erworbenen Reichtums wieder an die Gesellschaft zurückgeben sollten.

Bachelor-Studiengänge dauern heute typischerweise vier Jahre. Das ist viel zu lange. Diese Studiengänge sollten nicht länger als drei Jahre dauern. In diesem Lebensabschnitt haben Menschen die produktivsten Jahre ihrer Berufskarriere, diese sollten sie nicht auf Universitäten, sondern in der Wirtschaft verbringen. Es gibt in den westlichen Gesellschaften zu viele Menschen, die nicht produktiv bzw. einen Großteil ihres Lebens von den Transferleistungen des Staates abhängig sind, anstatt etwas für die Gesellschaft zu leisten.

So wie die Highschools müssen auch die öffentlichen Universitäten effizienter geführt und genutzt werden. Staatliche Mittel sollten nur als Startkapital für die Entwicklung von Programmen für neue Industriezweige oder für den Aufbau neuer, hochspezialisierter Universitäten verwendet werden. Das würde öffentliche Universitäten animieren und anspornen, sich auf die Bedürfnisse der Studenten anstatt auf Fachgebiete mit nur geringer wirtschaftlicher Bedeutung zu konzentrieren. Studenten sollten sich ihr Studium selbst finanzieren, ohne staatliche Zuschüsse dafür zu bekommen.

Wie ich bereits in diesem Kapitel skizziert habe, sollten junge Menschen vor Studienbeginn verpflichtend zwei bis drei Jahre lang arbeiten. In dieser beruflichen Orientierungsphase sammeln sie nicht nur praktische Erfahrungen, sie können sich damit auch einen Teil ihres späteren Studiums finanzieren. Auch das Konzept der Anstellung auf Lebenszeit im akademischen Bereich sollte überdacht werden. Es hat seinen Ursprung im Mittelalter. Wir sollten uns fragen, ob es heute noch zeitgemäß ist.

Eine weitere Frage, die wir uns stellen sollten: Vermitteln unsere Hochschulen und Universitäten ihren Studenten jene Kenntnisse und Fähigkeiten, die sie brauchen, um neue, innovative Produkte, Technologien und Dienstleistungen zu entwickeln? Bringen unsere Bildungsstätten noch Unternehmer, Investoren und Manager hervor, die jene Arbeitsplätze schaffen, die wir brauchen, um Wohlstand zu generieren? Mit anderen Worten, vermitteln die Universitäten und Hochschulen unseren jungen Menschen die Fähigkeiten und das Wissen, das sie brauchen, um in der globalen Wirtschaft wettbewerbsfähig zu sein?

Ich glaube, viele unserer Universitäten haben sich zu weit von den Realitäten der Weltwirtschaft und des freien Marktes entfernt. Die Welt dreht sich viel zu schnell für solche Institutionen. In der Zeit, in der ein neues Lehrbuch geschrieben und veröffentlich wird, ist viel von dem Wissen, das es enthält, längst wieder veraltet. Erschwerend kommt hinzu, dass viele Wissenschaftler in Fachgebieten forschen, die keinerlei praktischen Nutzen haben. Wir lehren unseren Studenten die kommunistische Theorie, während sich der Rest der Welt – einschließlich des kommunistischen Chinas – auf die Schaffung von Wohlstand und die Verbesserung des Lebensstandards konzentriert.

Hier könnten kleinere, spezialisierte Universitäten als Teil eines zentral koordinierten Netzwerkes aus öffentlichen und privaten Einrichtungen Abhilfe schaffen. Diese Universitäten sollten sich auf traditionelle Industrien wie das verarbeitenden Gewerbe oder die Landwirtschaft und auf neuere Industrien wie die Biomedizin und die Weltraumtechnologie konzentrieren.

Diese kleineren, agileren und technologiebasierten Universitäten würden Forschung, Entwicklung und technische Innovationen vorantreiben und helfen, verschiedene Branchen und Industriezweige wieder wettbewerbsfähiger zu machen. Sowohl Unternehmen als auch Bildungseinrichtungen sollten ein vitales Interesse daran haben, sich bei der Gründung und dem Betrieb solcher Universitäten zu engagieren. Kurz gesagt: Wirtschaft und Wissenschaft müssen wieder enger zusammenabrieten, um neues und angewandtes Wissen zum Wohle der Gesellschaft zu schaffen.

Die Umsetzung der hier skizzierten Reformideen wäre eine Investition in die Zukunft, da sie unser Bildungssystem für den globalen Wettbewerb fit macht. Es ist die Pflicht der gegenwärtigen Generation, ihren Nachkommen jene Werkzeuge in die Hand zu geben, die sie brauchen, um Neues zu schaffen, konkurrenzfähig zu bleiben und die vielen Möglichkeiten nutzen zu können, die ihnen offenstehen. Wenn uns das gelingt, haben wir eine größere Chance, unseren Wohlstand auch in Zukunft zu sichern.

Kapitel 20

Die Balance im Gesundheitswesen wiederherstellen

„Die wichtigsten Merkmale eines funktionierenden Systems sind Wettbewerb und Leistungsanreize. Ohne Wettbewerb und ohne solche Anreize, die die Besten und Leistungsfähigsten belohnen, kann kein System – auch nicht das Gesundheitswesen – einen qualitativ hochwertigen Service zu wettbewerbsfähigen Preisen bieten."

D as Gesundheitssystem ist das Fundament eines Landes. In einer funktionierenden Gesellschaft muss jeder Mensch Zugang zur medizinischen Grundversorgung haben. In der Debatte über das Gesundheitswesen bzw. dessen Finanzierung gibt es in einigen westlichen Ländern zwei sich gegenüberstehende Philosophien und Ansätze: die private Versorgung auf der einen Seite, die öffentliche auf der anderen. Das Entweder–Oder. Aber keines dieser beiden Systeme funktioniert. In einem ausschließlich privatwirtschaftlich organisierten Gesundheitswesen können sich die Armen keine adäquate Behandlung leisten, und in einem rein öffentlichen System müssen die Menschen zum Teil extrem lange Wartezeiten in Kauf nehmen, bis ein Spezialist verfügbar ist, bis sie eine Diagnose, Behandlung oder Therapie bekommen, weil es aus Kostengründen zu wenige Ärzte, Personal, Spitäler und andere Gesundheitseinrichtungen gibt. Erst durch die Verschränkung beider Systeme entsteht ein qualitativ hochwertiges, leistbares und allen zur Verfügung stehendes, sprich: ein ausgeglichenes Gesundheitswesen.

Gesundheitsausgaben pro Kopf und in Prozent des BIP
Vergleich ausgewählter Länder, 2015

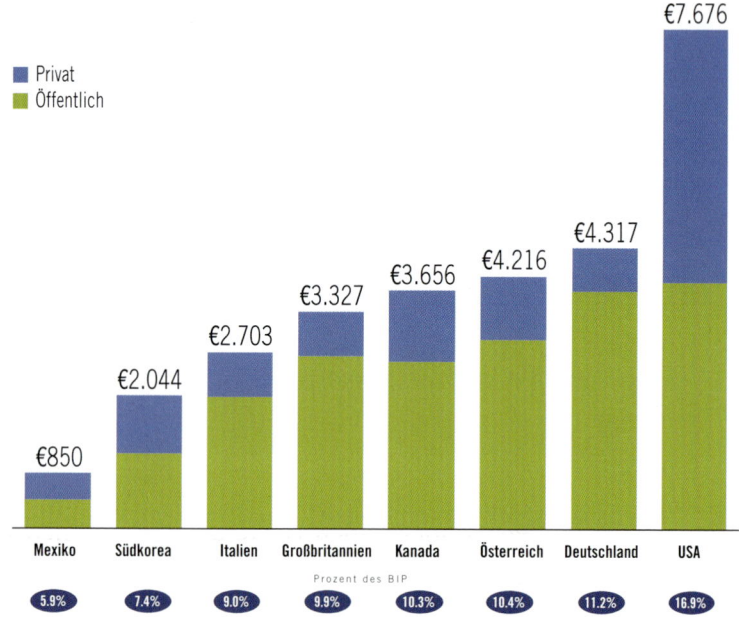

Quellen:
California Health Care Almanac: www.chcf.org/almanac (abgerufen Sept. 2017)
Statistik Austria: „Gesundheitsausgaben in Österreich laut System of Health Accounts (SHA) 2016"
ww.statistik.at/web_de/statistiken/menschen_und_gesellschaft/gesundheit/gesundheitsausgaben/019701.html
Wirtschaftskammer Österreich: http://wko.at/statistik/eu/europa-gesundheitswesen.pdf

Die USA stehen vor einer besonders großen Herausforderung. Die Ausgaben für Gesundheitsversorgung liegen – sowohl in Prozent des Bruttoinlandsprodukts (BIP) als auch pro Kopf – weit über jenen der meisten anderen Industrienationen. Österreich gibt für sein Gesundheitswesen zum Beispiel über 10 Prozent seines BIP aus, in den USA sind es rund 17 Prozent. Auch bei den Ausgaben pro Kopf ist der Unterschied mit 4.216 Euro in Österreich und 7.667 Euro in den USA gewaltig.

Trotz dieser enormen Kosten – die Ausgaben für das Gesundheitswesen sind genauso hoch wie jene für Verteidigung und Militär – ist ein erheblicher Teil der Amerikaner nicht versichert. Laut den offiziellen Daten hatten zehn Prozent der Amerikaner, das sind rund 30 Millionen Menschen, im Jahr 2015 keine Krankenversicherung. 2013 waren es sogar noch 18 Prozent. Dazu kommt noch ein erheblicher Prozentsatz an Amerikanern, die sich ihre Behandlung und medizinische Versorgung nicht mehr leisten können und bankrottgehen. Einer Studie der Harvard Universität zufolge, sind die Gesundheitskosten der Hauptgrund für Privatinsolvenzen in den USA.

Eines der größten Hindernisse bei der Reform des amerikanischen Gesundheitssystems sind die vielen teuren Rechtsstreitigkeiten, die nicht nur die Kosten für die Krankenversicherungen in die Höhe treiben, sondern auch Ärzte und Gesundheitseinrichtungen aus der Krankenpflege, dem Krankendienst verdrängen und Krankenversicherungen für viele nicht leistbar machen. Die USA müssen ihre öffentliche Gesundheitsversorgung stärken und ausweiten, dazu gehört unter anderem die Schaffung von mehr öffentlichen und gemeinnützigen Krankenhäusern.

Die Lösung des Problems, das die USA mit ihrem teuren und lückenhaften Gesundheitssystem hat, liegt aber vielleicht ganz wo anders. Nämlich bei der Produktion und Vermarktung von Nahrungsmitteln. Hier gibt es eine breite Palette an Möglichkeiten. So könnte mit einem Umdenken beim Subventionieren landwirtschaftlicher Produkte viel erreicht werden. Statt Mais und Soja könnte vermehrt die Produktion von Obst, Gemüse und biologischen Nahrungsmitteln gefördert werden. Weitere sinnvolle Maßnahmen wären etwa ein Werbeverbot für Junkfood für Kinder, die Kennzeichnung von genetisch veränderten Organismen (GVO) in allen Lebensmitteln, verbesserte und übersichtlichere Lebensmittelkennzeichnung und ein Verbot von Antibiotika und Wachstumshormonen bei der Aufzucht von Tieren für die Fleischproduktion. Die USA haben eine der höchsten Fettleibigkeitsraten weltweit. Und eine der Hauptursachen für die explodierenden Gesundheitskosten ist die wachsende Zahl von Krankheiten, die mit Diäten und der ungesunden Ernährung verbunden sind.

Zu guter Letzt müssten die USA auf Kongressebene eine breit angelegte Untersuchung durchführen, um die Schwachstellen und Ineffizienzen im Gesundheitswesen aufzuzeigen, zu benennen, um sie danach beseitigen zu können. Es ist unsere gemeinsame Verantwortung und es muss das Ziel aller in einer Gesellschaft sein, dass jeder Einzelne Zugang zur Gesundheitsversorgung hat. Wir müssen uns deshalb bemühen, neue und innovative Lösungen zu finden, um die Probleme in unseren derzeitigen Gesundheitssystemen zu lösen, egal ob in den USA oder Europa.

Es gibt keinen vernünftigen Grund, warum öffentliche und private Gesundheitssysteme nicht zusammenarbeiten und sich gegenseitig ergänzen sollten, zumal solch duale Gesundheitssysteme effizienter, kostengünstiger und sozialer sind. Damit das funktionieren kann, müssten private Gesundheitsdienstleister gesetzlich dazu verpflichtet werden, etwa zehn Prozent ihrer Einnahmen dem öffentlichen Gesundheitssektor zukommen zu lassen. Das würde die Staatsausgaben senken und den Wettbewerb zwischen privaten medizinischen Dienstleitern fördern, weil durch diese Maßnahme die Leistungsanreize für sie bestehen bleiben. Systeme funktionieren immer dann, wenn sie Wettbewerb zulassen und Leistungsanreize schaffen. Ohne Wettbewerb und ohne solche Anreize, die die besten und effizientesten Leistungen belohnen, wird das Gesundheitssystem bei gleichzeitig sinkender Qualität immer teurer.

Eine weitere Strategie für ein leistungsfähigeres Gesundheitswesen mit geringeren Kosten ist die medizinische Versorgung und die Gesundheitsprävention am Arbeitsplatz. Wenn medizinisches Personal direkt in den Unternehmen und Fabriken vor Ort ist, würde das den Zugang der Arbeitnehmer und ihrer Angehörigen zu medizinischen Leistungen vereinfachen, verbessern und die Kosten für alle Beteiligten, für die Arbeitgeber, die Angestellten und den Staat, senken.

Mein Konzept sieht vor, dass die von den Unternehmen organisierten Gesundheitsleistungen den Mitarbeitern und ihren unmittelbaren Familienangehörigen, also Ehegatten, Kindern, Eltern und Großeltern, zur Verfügung gestellt werden, selbstverständlich nur mit Zustimmung der Angestellten, denen es überdies freigestellt bleibt, sich woanders untersuchen und behandeln zu lassen. Die Mitarbeiter sollten an kostenlosen Kursen zur Gesundheitsvorsorge am Arbeitsplatz teilnehmen. Sie würden durch die Ernennung von Beiratsmitgliedern in Leitung und Organisation dieser Programme zur Gesundheitsprävention mit eingebunden.

Dieses Maßnahmenpaket unter Einbeziehung aller Beteiligten würde helfen, die Gesundheitsausgaben zu senken. Die Mitarbeiter würden einen Teil der Ersparnisse direkt auf die Hand bekommen, während das Unternehmen rund die Hälfte der Einsparungen auf die verschiedenen beteiligten Akteure aufteilen würde. Einen Teil bekämen die Ärzte und das medizinische Personal als Bonus, um die effizientere Erbringung von medizinischen Leistungen zu belohnen, und etwa zehn Prozent würden in einen Fond für Notfälle fließen. Dieses von mir entwickelte Unternehmensmodell würde, wenn es konsequent umgesetzt wird, das Gesundheitssystem eines ganzen Landes effizienter und kostengünstiger machen.

Weil Prävention das beste Mittel zur Erhaltung der Gesundheit ist, müssten alle Beschäftigten an entsprechenden Kursen und Vorträgen teilnehmen, und zwar mindestens zehn Stunden pro Jahr. Solche Gesundheitsprogramme würden eine gesündere Lebensweise fördern und das Bewusstsein stärken, dass man für seine Gesundheit und Wohlbefinden zuallererst selbst verantwortlichen ist. Mein Modell ist für alle Beteiligten von Vorteil: Die Ärzte hätten weniger Verwaltungskosten, eine gleichbleibende Zahl von Patienten und zudem einen Anspruch auf Prämien, die an die Höhe der Einsparungen durch gesteigerte Effizienz gekoppelt sind.

Das Unternehmen hätte eine gesündere Belegschaft und weniger Fehlzeiten aufgrund von Arztterminen. Mitarbeiter hätten einen besseren Service und die Möglichkeit, Gesundheitsrabatte zu erhalten. Die gesamte Gesellschaft würde von diesem Unternehmensmodell durch ein insgesamt besseres und effizienteres Gesundheitswesen und weitaus niedrigere Kosten profitieren. Es ist eine Win-win-Situation für alle Beteiligten.

Kapitel 21

Die Balance im Sozialwesen wiederherstellen

„Wenn wir uns als Gesellschaft auf den Minimalkonsens einigen können, dass jeder Zugang zu medizinischer Versorgung, zu Nahrungsmitteln und einem Dach über dem Kopf hat, dann können wir uns Gedanken darüber machen, wie wir Menschen helfen können, die dazu selbst nicht in der Lage sind."

In vormodernen und tribalistisch organisierten Gesellschaften haben sich die Familienverbände um ihre Kranken, Schwachen und Alten gekümmert. In den heutigen Gesellschaften, insbesondere in jenen des Westens, ist das schon länger nicht mehr der Fall. Traditionelle Familienstrukturen haben sich aufgelöst, die Kontakte unter den Familienmitgliedern sind loser, die Menschen mobiler und flexibler geworden. Das ist der Grund, warum in Nordamerika die Nachfrage nach Altenpflege und die Zahl der Obdachlosen in allen Altersgruppen explodiert.

Wenn wir uns als Gesellschaft auf den Minimalkonsens einigen können, dass jeder und jede Zugang zu medizinischer Versorgung, zu Nahrungsmitteln und einem Dach über dem Kopf hat, dann können wir uns Gedanken darüber machen, wie wir Menschen helfen können, die dazu selbst nicht in der Lage sind. Ich halte urbane Sozialhilfezentren, die auf das rund eine Prozent der Bevölkerung ausgerichtet sind, das von Zeit zu Zeit Unterstützung benötigt, für die optimale Lösung. Solche Zentren sollen Teenager, Senioren, Drogenabhängige und Obdachlose unterstützen. Also Menschen, deren Leben von schweren Rück- und Schicksalsschlägen gekennzeichnet ist, und die allein nicht mehr den Anschluss an die Gesellschaft, sei es aus finanziellen, sozialen oder gesundheitlichen Gründen, finden.

In meinen ersten Jahren als Unternehmer arbeitete ich oft bis zu 70 Stunden pro Woche. Einmal, als ich nach einer durch-gearbeiteten Nacht einen Auftrag abliefern wollte, schlief ich am Steuer meines Autos ein und landete im Straßengraben. Ich hatte Glück im Unglück, mir passierte nichts. Immer wieder bin ich nur knapp Arbeitsunfällen entgangen, bei denen ich mich hätte schwer verletzen können. Wäre mir damals so ein Unfall passiert, wäre mein Leben vermutlich ganz anders verlaufen, wäre ich vielleicht nicht mehr in der Lage gewesen, zu arbeiten und meine Träume zu verwirklichen. Und ohne das finanzielle Auskommen, das mein Unternehmen mir sicherte, wäre ich in einem solchen Fall nicht in der Lage gewesen, für mich selbst zu sorgen. Aber mit den von mir angedachten Sozialzentren hätte ich zumindest ein Dach über dem Kopf gehabt, etwas zu essen bekommen und wäre so wieder auf die Beine gekommen. Mit anderen Worten: Solche Zentren sind ein Sicherheitsnetz für Menschen, die schwere Zeiten durchleben bzw. Opfer unglück-licher Umstände werden.

Eine Stadt mit einer Bevölkerung von rund einer Million Men-schen würde meiner Ansicht nach rund zehn solch gut verteilter Sozialzentren brauchen. Die Notunterkünfte wären einfach, weil Land und Immobilien in städtischen Gebieten normalerweise teuer sind. Man sollte sie in mehrstöckigen Gebäuden unter-bringen, wo die verschiedenen Etagen für Familien, alleiner-ziehende Mütter, Männer und Frauen vorgesehen sind. Solche

Großunterkünfte mit rund 1.000 Betten sollten relativ zentral liegen und mit einer Großküche ausgestattet sein, die die Bewohner mit einfachen Speisen, wie Suppen, Eintöpfe, Teigwaren oder Salate, versorgt. Sie könnte auch als Anlaufstelle für jene dienen, die nicht hier wohnen, aber auf kostenlose Nahrungsmittel angewiesen sind. Auch eine Arztpraxis mit zum Teil ehrenamtlich tätigen Medizinern für einfache medizinische Behandlungen sollte es in solchen Wohnzentren geben. Schwere Krankheiten oder Verletzungen müssten in einem nahe gelegenen Spital behandelt werden.

Es sollte in diesen Notquartieren keine Zimmer, sondern Schlafsäle mit der Möglichkeit, die Betten mittels Vorhängen voneinander abzutrennen, geben. Das für solche Sozialwohnzentren notwendige Sicherheitspersonal könnte sich aus Soldaten, die ihr erstes Ausbildungsjahr beim Militär absolvieren, zusammensetzen. Darüber hinaus könnten auch freiwillige Helfer, Studenten einschlägiger Studienrichtungen und angehende Sozialarbeiter eingesetzt werden. Die Bewohner dieser Zentren können so lange bleiben, solange sie Hilfe und Unterstützung benötigen. Niemand würde somit gezwungen sein, auf der Straße zu leben. Die Sozialzentren würden von der Regierung gebaut, finanziert und unterhalten, genauso wie der öffentliche Wohnbau. Ich glaube, dass die Kosten für den Aufbau dieser Sozialzentren auf lange Sicht wesentlich kostengünstiger wären, als die derzeit in den USA praktizierte unkoordinierte Hilfe für Obdachlose, Arme und Drogensüchtige. Aufgeblähte Sozialstaaten wie Österreich und Deutschland könnten noch wesentlich größere Summen mit solchen Zentren einsparen, diese würden zudem auch mehr Anreize schaffen, damit die Menschen schneller in ein normales und eigenfinanziertes Leben zurückfinden.

Sozialzentren könnten und sollten auch in Gebieten, die von Naturkatastrophen, seien es Überflutungen oder Wirbelstürme, heimgesucht wurden, gebaut werden. Bei der Unterbringung, Ernährung und Behandlung von Evakuierten aus solchen Krisengebieten könnten diese Einrichtungen eine wichtige Rolle spielen. Diese Notfallzentren könnten bis zu zehntausend Menschen beherbergen und von der Armee betrieben werden.

Jene Bilder, die ich 2005 in einem Hotelzimmer von der schlimmsten Naturkatastrophe in der Geschichte der USA im Fernsehen sah, haben sich in mir eingebrannt. Hurrikan Katrina hatte gewaltige Überschwemmungen und Schäden verursacht, fast eine Million Menschen hatten ihr Zuhause verloren und brauchten dringend Unterkunft und Nahrung. Die am schwersten betroffenen Opfer waren Senioren und Arme. Als ich die Fernsehbilder von obdachlosen und hilflosen Menschen sah, die versuchten aus New Orleans zu fliehen, erinnerte ich mich an meine eigene Kindheit im vom Krieg gezeichneten Österreich, als ich selbst arm und hungrig war. Solche Erfahrungen und Erinnerungen vergisst man nie wieder.

Ich habe sofort einige leitende Angestellte meines Konzerns mobilisiert und einen Notfall-Rettungsplan aufgestellt, um Betroffene mit Bus und Flugzeug zu einem Pferdetrainingszentrum in West Palm Beach, Florida, zu bringen. Am nächsten Morgen war ein Team von Magna vor Ort, um Essen, Wasser, Kleidung und Transportmittel für die Evakuierten zu organisieren. In Zusammenarbeit mit der US Army, der Air Force und dem Roten Kreuz konnten wir erfolgreich 250 Personen evakuieren.

Mehr als 1.000 Freiwillige, Ärzte, Krankenschwestern und Köche standen in dem Pferdezentrum in Florida bereit, als die Evakuierten aus New Orleans ankamen. Unter ihnen befanden sich auch viele Familien mit kleinen Kindern, Senioren und Behinderten. Manche hatten nur noch die Kleidung, die sie am Leib trugen, andere hatten ihren gesamten Besitz in einem Müllsack verstaut. Wir wollten diesen Menschen helfen, ihr Leben wiederaufzubauen. Deshalb kauften wir ein Stück Land in Simmesport, Louisiana, nördlich von Baton Rouge und bauten eine kleine Gemeinde aus dem Nichts auf, um den Menschen, die durch den Hurrikan alles verloren hatten, zu einem Neustart zu verhelfen.

In den meisten Fällen reicht es, Menschen eine Zeit lang mit Nahrung und Unterkunft zu versorgen, damit sie wieder auf die Beine kommen. Ich glaube, die von mir skizzierten Sozialzentren würden genau das für jene Mitbürger tun, die unverschuldet in Not geraten sind.

Kapitel 22

Die Revitalisierung der amerikanischen Innenstädte

„In den großen Städten Amerikas gibt es riesige Armen-viertel. Zum Großteil sind afroamerikanische Bürger betroffen. Wo große Armut herrscht, nehmen Kriminali-tät, Drogenabhängigkeit und -sucht zu. Ich nenne es die Krebsgeschwüre Amerikas. Mit Geld alleine kann man diese Krebsgeschwüre nicht heilen. Eine Heilung ist nur durch die Schaffung von Arbeitsplätzen möglich.“

O bwohl ich seit mehr als fünfzig Jahren in der Auto-zulieferindustrie tätig bin, fragen mich manchmal Leute, was ich beruflich mache. Ich sage dann norma-lerweise, dass ich ein Bauer sei. Und diese Aussage ist im Grun-de richtig. Ich hatte schon immer ein großes Interesse an der Landwirtschaft. Angefangen hat das mit meiner ersten Farm, die ich kurz nach meiner Firmengründung gekauft habe. Seit-her habe ich eine Reihe weiterer Farmen erworben, primär um dort Rennpferde zu züchten und zu trainieren.

Mitte der 1990er-Jahre habe ich in der Region Ocala, Florida, wo ich heute grasgefütterte Rinder und andere Tiere halte, rund 40.000 Hektar Ackerland zusammengekauft. Da ich heute stark in der Landwirtschaft und Nahrungsmittelproduktion engagiert bin, denke ich öfter über die Auswirkungen nach, die Lebens-mittel auf unser Leben haben. Es erfüllt mich mit Zufriedenheit, dass ich gesunde und biologische Nahrungsmittel herstelle.

Ich bin der festen Überzeugung, dass diese Art der Nahrungs-mittelproduktion zukunftssicher ist. Laut dem US-Landwirt-schaftsministerium sind rund 21 Millionen Amerikaner in der Landwirtschaft und der Nahrungsmittelindustrie beschäftigt. Die Lebensmittelproduktion ist ein größerer Industriezweig als der, in dem ich meine Karriere gemacht habe.

Darüber hinaus glaube ich, dass die Nahrungsmittelproduktion zahlreiche neue, nachhaltige und umweltfreundliche Arbeits-plätze in Amerika schaffen kann – nicht nur in den Agrarge-bieten des Mittleren Westens, sondern auch im Herzen unserer größten Städte. Kurz gesagt: Die Nahrungsmittelproduktion kann helfen, die zermürbende Armut und Arbeitslosigkeit unse-rer Städte zu bekämpfen.

Lassen Sie mich das näher erklären. Meine Firma, die Stronach Group, ist der größte Eigentümer von Pferderennstrecken in Amerika. Ein Juwel in unserem Portfolio an Rennstrecken ist der Pimlico Race Course in Baltimore. Pimlico ist die Heimat des zweiten „Triple-Crown"-Pferderennens mit dem Namen „The Preakness", eines der bekanntesten und geschichtsträch-tigsten Sportereignisse in den USA.

Die Pimlico-Rennstrecke erstreckt sich über etwa fünfzig Hek-tar mitten in Baltimore, und um die Strecke herum liegen Vier-tel mit einer hohen Armuts- und Kriminalitätsrate. Obwohl die Armut im Laufe der Zeit gewachsen ist und nichts mit dem Be-trieb unserer Rennstrecke zu tun hat, sind wir dennoch Nach-barn und wir möchten helfen, um die Bedingungen in der Um-gebung, in der wir tätig sind, zu verbessern.

Ich denke, das wichtigste im Leben ist es, stets nach Lösungen für die Probleme zu suchen und sie zu lösen. Das ist meine Einstellung, das ist meine Natur. So denke und so handle ich. Das Leben war sehr gut zu mir, und ich denke stets darüber nach. Kann ich der Gesellschaft davon etwas zurückgeben und kann ich Konzepte entwickeln, die der Menschheit dienen?

Nach langer Überlegung hatte ich folgende Idee: Da wir die Rennstrecke in Pimlico nur ein paar Tage im Jahr nutzen und auch nicht sehr viele Leute aus der umliegenden Gegend dort beschäftigt sind, haben wir beschlossen, dass die Strecke abgerissen werden soll und die Rennen künftig auf unser nächstgelegenen Anlage, dem Laurel Park in der Nähe von Washington DC, stattfinden sollen. Aus dem Pimlico Race Course in Baltimore möchten wir eine der ersten urbanen Farmen des Landes und sie zum Vorbild für die Revitalisierung eines der ärmsten Stadtviertel Amerikas machen. Stellen Sie sich das vor, wir wären in der Lage, die heruntergekommenen Zentren vieler amerikanischer Großstädte – nicht nur Baltimores – in städtische Farmen zu verwandeln, und den dort lebenden Menschen Arbeit und Hoffnung zu geben. Ich glaube, dass das möglich ist. Wir können diese innerstädtischen Armutsgebiete wiederaufbauen und neu beleben, indem wir den Bewohnern die Möglichkeit geben, eine sinnvolle Beschäftigung zu finden und so ihre Gemeinschaft zu stärken.

Der Verfall und die Armut vieler Innenstädte in der entwickelten Welt werden von Jahr zu Jahr schlimmer. Nur mit finanziellen Zuwendungen kann die Lebenssituation der Menschen in diesen Vierteln offensichtlich nicht verbessert werden. Diese Probleme zu ignorieren, macht es nur noch größer. Die heruntergekommenen und verlassenen Häuser einfach abzureißen und neue zubauen, ist auch keine Lösung, solange nicht die eigentliche Ursache, der Mangel an Arbeitsplätzen, korrigiert wird.

Mein Vorschlag: Wir sollten die städtische Landwirtschaft als Mittel nutzen, um diese Viertel wiederaufzubauen und zu revitalisieren. In drei bis fünf amerikanischen Großstädten sollten wir entsprechende Modellversuche starten.

Und so würde es funktionieren:

Kommunale Verwaltungen legen in Kooperation mit den regionalen und staatlichen Stellen geeignete innerstädtische Flächen fest und erwerben diese, idealerweise 50 Hektar groß mit rund 3.000 bis 5.000 Einwohnern. Die baufälligsten Häuser und Objekte werden nach einem Masterplan für dieses Revitalisierungsprojekt schrittweise abgerissen und geräumt. Die Bewohner, deren Häuser um- oder neugebaut werden, bekommen eine vorübergehende Unterkunft bereitgestellt.

Diese Projekte werden durch kommunale Anleihen finanziert und die Bewohner der neu gebauten Häuser erhalten die Möglichkeit, die Wohnungen auch zu kaufen. Von den rund 50 Hektar sind etwa 60 Prozent für die städtische Landwirtschaft bestimmt, für den Anbau von Obst und Gemüse in Gewächshäusern. Weitere zehn bis zwanzig Prozent sind für Häuser und Wohnungen eingeplant, weitere zehn Prozent für Sport- und Erholungseinrichtungen, Kindertagesstätten und Schulen, sofern die Hälfte der Bewohner eines solchen Viertels Kinder sind. Die verbleibende Fläche ist für zusätzliche Wohnungen oder Einzelhandelsgeschäfte reserviert, die die Gemeinde verkaufen kann, um die kommunalen Anleihen zurückzuzahlen.

Die Schulen in der Gemeinde legen einen Schwerpunkt auf Sport, Ernährung, Wirtschaft und soziales Engagement. Diese revitalisierten Gebiete bekommen ebenso ein kleines Sozialzentrum mit bis zu zweihundert Betten und einer Großküche, die frische, gesunde und nahrhafte Mahlzeiten anbietet. Die Bevölkerung eines solchen Viertels setzt sich wie folgt zusammen: Rund zehn Prozent sind ältere Personen, 40 Prozent Kinder zwischen sechs und zwölf Jahren, 20 Prozent Kinder unter sechs Jahren und die restlichen 30 Prozent sind Personen im arbeitsfähigen Alter. Diese Erwachsenen, rund fünfhundert Personen, können in der urbanen Farm für den Anbau und die Ernte von Obst und Gemüse eingesetzt werden. Die Betriebe verarbeiten auch ihre Erzeugnisse zu Lebensmitteln wie Marmeladen, Suppen oder Saucen weiter und verwerten zusätzlich in Kooperation mit umliegenden Farmen auch zugelieferte Produkte. Solche urbanen Farmen könnten rund 50 Tonnen Gemüse pro Jahr produzieren. Alle Lebensmittel wären frei von genetisch veränderten Organismen und Chemikalien. Diese qualitativ hochwertigen, biologischen Produkte würden den Nahrungsmittelbedarf der Gemeinschaft decken und könnten gewinnbringend an andere nahe gelegene Regionen verkauft werden.

Die Kosten für solche Projekte liegen langfristig weit niedriger als herkömmliche Sozialprogramme. Die Bewohner sammeln zudem wertvolle Erfahrungen in der Lebensmittelproduktion, insbesondere im schnell wachsenden Bio- und Naturkostsektor.

Durch die Schaffung einer solchen Umgebung mit neuen Arbeitsplätzen und einem Schwerpunkt auf Gesundheit und Ernährung haben die dort lebenden Kinder die Chance, wertvolle und produktive Mitglieder der Gesellschaft zu werden, anstatt in dem ewigen sozialen Kreislauf von Arbeitslosigkeit und Armut gefangen zu sein.

Solche revitalisierten Gebiete mit städtischen Farmen im Mittelpunkt helfen diesen Menschen, ihre Würde und die Hoffnung auf ein besseres und erfüllteres Leben zurückzuerlangen. Diese

Gebiete wären eine Art urbaner Garten Eden mit Obstbäumen und Gemüsefeldern, Parks und Freizeiteinrichtungen. Diese Viertel hätten eine hohe Lebensqualität und wären das genaue Gegenteil von den derzeitigen innerstädtischen Armenvierteln.

Die Einwohner in der Nähe unserer Pferderennbahn in Baltimore sollen Teileigentümer in unseren Unternehmen werden und eine 20-prozentige Beteiligung an dem Geschäft sowie eine Anzahl von Sitzen im Vorstand unseres städtischen Landwirtschaftsbetriebes erhalten. Damit erhalten sie einen Teil des jährlichen Gewinns und als Teil der Geschäftsführung sind sie auch an der strategischen Planung beteiligt. Solche städtischen Farmen arbeiten eng mit lokalen und staatlichen Universitäten wie der University of Maryland zusammen, um die fortschrittlichsten, umweltfreundlichsten Methoden und Technologien für die Herstellung von Naturprodukten nutzen zu können.

Ist die urbane Landwirtschaft eine brauchbare Lösung zur Bekämpfung der urbanen Armut? Wir müssen es einfach versuchen! Ich bin bereit, Zeit und Geld in solche Projekte zu investieren, weil ich überzeugt davon bin, dass das Areal auf dem unsere Rennbahn in Baltimore liegt, der erste Testplatz sein wird, wie wir unsere sterbenden innerstädtischen Viertel wiederbeleben können. Die dort lebenden Menschen akzeptieren mich und meine Pläne, deshalb glaube ich, gemeinsam mit der lokalen Bevölkerung, diese landwirtschaftlichen Projekte erfolgreich umsetzen zu können, damit diese Viertel wieder aufblühen und der allgemeine Lebensstandard wieder steigt.

Vor etwa dreizehn Jahren eröffnete der von mir gegründete Autozulieferkonzern ein technisches Trainingszentrum in Park Heights, dem heruntergekommenen, verarmten Viertel neben Pimlico. Ich traf mich mit einigen Gemeindevorstehern, um zu sehen, ob wir etwas tun könnten, um zu helfen. Wir fuhren mit dem Auto durch das Viertel, das aussah wie in ein Kriegsgebiet. Vor allem ein Gebäude erregte meine Aufmerksamkeit: eine verlassene Volksschule. Ich fragte, ob wir sie kaufen könnten, weil ich sie zu einem der modernsten technischen Ausbildungszentren des Landes machen wollte.

Ich glaube, dass wir den Menschen Hoffnung geben können, indem wir ihnen eine Ausbildung mit guten Jobaussichten ermöglichen, um so einen kleinen Beitrag zur Bekämpfung der Armut in Park Heights zu leisten. Wie sich herausstellte, wuchs einer unserer Fabrikmanager, der zu dieser Zeit in Detroit arbeitete, in Park Heights auf, gleich um die Ecke von der Stelle, wo sich die verlassene Schule befand. Er ergriff die Chance, um in seiner alten Nachbarschaft Jugendlichen die Möglichkeit auf ein neues Leben zu eröffnen.

Im Jahr 2005 öffnete das hochmoderne Magna Baltimore Technical Training Center seine Pforten für junge afroamerikanische Männer und Frauen, die in dieser Gegend leben. Das Trainingsprogramm, das wir in Baltimore ins Leben riefen, machte aus arbeitslosen Jugendlichen, die auf der Straße lebten, Handwerker mit einem guten Mittelstandsgehalt. Wir haben geholfen, Leben zu verändern.

Die Transformation heruntergekommener innerstädtischer Viertel in revitalisierte, urbane, landwirtschaftlich genutzte Gebiete könnte dasselbe leisten, aber in viel größerem Maßstab. Urbane Farmen bieten unzähligen Menschen, die derzeit keine Aussicht auf Arbeit haben, eine sinnvolle Beschäftigung. Ich hoffe, dass wir in möglichst vielen Großstädten in ganz Amerika solche Farmen errichten können, um verfallene Gegenden in lebhafte und blühende Stadtviertel zu verwandeln. Deren

Bewohner sollen voller Stolz sagen können: Kommen Sie und sehen Sie, was wir erreicht haben, kommen Sie in eines der sichersten und schönsten Stadtviertel in ganz Amerika.

Kapitel 23

Die Balance auf der Erde wiederherstellen

„Wir müssen das weltweite Bevölkerungswachstum reduzieren, damit sich der Lebensraum des Planeten erholen kann."

W ir haben unsere Umwelt, die Luft, das Wasser und den Boden mit Chemikalien und tonnenweise produzierten Müll vergiftet und verschmutzt. Wir haben Insektizide entwickelt, um die Schädlinge auf unseren Feldern zu töten, und Herbizide, die Unkraut vernichten, so dass wir immer mehr Nahrung produzieren können, um die Welt zu ernähren. Doch die Folgen sind katastrophal: Das Wasser ist vielerorts vergiftet und die Population bei einigen Insektenarten nimmt gefährlich ab. Betroffen sind etwa die Bienen, die wichtiger Teil unseres Ökosystems sind.

Genauso schädlich für die Erde wie diese Chemikalien und Gifte ist das unkontrollierte Bevölkerungswachstum. Die steigende Wachstumsrate der Weltbevölkerung bedroht unser aller Zukunft. Am höchsten sind die Bevölkerungszuwächse in den ärmsten Regionen, wo die am wenigsten gebildeten Menschen leben, in Afrika und Teilen Asiens und Südamerikas.

Unsere Umwelt kann nur eine bestimmte Anzahl von Menschen ernähren und verkraften. Knapp acht Milliarden Menschen leben derzeit auf der Erde. Bis zum Jahr 2200 – in nur 180 Jahren – wird die Weltbevölkerung wahrscheinlich mehr als 24 Milliarden Menschen betragen. Die Belastung für unseren Planeten wird so groß sein, dass die natürlichen Ressourcen vollkommen zerstört und aufgebraucht sein werden, was zu gewaltigen Hungerkatastrophen und Verteilungskämpfen führen wird.

Einige Menschen, einschließlich des kürzlich verstorbenen theoretischen Physikers Stephen Hawking, glauben, dass wir nicht mehr als 100 Jahre haben, bevor die Belastungsgrenzen für unseren Planten erreicht sind, und die Erde aufgrund der Überbevölkerung und deren Folgen unbewohnbar wird.

Wie auch immer, es ist klar, dass wir an einem Wendepunkt angekommen sind. Wir können und dürfen uns nicht länger belügen oder das Problem der Überbevölkerung ignorieren: Es geht um die Existenz der gesamten Menschheit! Wir müssen dringend fragen: Was können wir dagegen tun? Es gibt keine perfekte Lösung, aber wir müssen handeln, sofort handeln, um sowohl die Menschheit als auch unseren Planeten zu retten.

Entweder wir befassen uns mit dem Problem oder die Natur wird es für uns tun, mit Hunger, Krankheiten und Seuchen. Und eines ist sicher: Die Natur wird dabei viel gnadenloser sein. Aber noch ist nichts verloren, noch ist es nicht zu spät. Ich bin der festen Überzeugung, dass wir durch groß angelegte Bildungsprogramme und einem koordinierten Vorgehen solche katastrophalen Szenarien verhindern können.

Ich glaube auch, dass Maßnahmen zur Reduktion des Bevölkerungswachstums in vielen Gesellschaften von den Menschen positiv aufgenommen und umgesetzt werden. In Ländern, in denen die Kluft zwischen Arm und Reich am größten und das Bildungsniveau am niedrigsten ist, ist auch die Geburtenrate hoch. Auf lange Sicht können Bildungskampagnen wirksam dazu beitragen, die Anzahl der Kinder in den Familien zu senken. Wenn das Bildungsniveau steigt und die Gesellschaft wohlhabender wird, wird sich das Problem von selbst lösen, so wie in den Industrieländern, die sehr niedrigere Geburtenraten aufweisen. Das sind allerdings Strategien, der nur sehr langsam, erst in Jahrzehnten, zu greifen beginnen. Es ist daher notwendig, einen Plan zu entwickeln, der möglichst schnell und effektiv die Geburtenrate senkt.

Eine Lösung könnte darin bestehen, an Männer und Frauen, die sich freiwillig einem Sterilisationsverfahren unterziehen, einmalig 100 bis 500 Euro auszuzahlen. In den meisten Gesellschaften tragen Frauen die Hauptlast, wenn es darum geht, Kinder aufzuziehen. Es sollte deshalb ein weltweites Programm entwickelt und umgesetzt werden, dass Frauen Beratung und medizinische Hilfe sowie finanzielle Anreize zur Verhinderung einer Schwangerschaft bietet. Im Rahmen dieses Programms könnten Frauen freiwillig einer Sterilisation zustimmen, um weitere Schwangerschaften nach der Geburt von zwei Kindern zu verhindern. Darüber hinaus würde das Programm eine globale Aufklärungskampagne zur Förderung von Zwei-Kind-Familien als ideale Familiengröße beinhalten.

Es ist unbestritten, dass die Menschheit in ihrer Entwicklung an einer Wegkreuzung angekommen ist. Wir müssen jene Entwicklungen, die unsere Existenz langfristig bedrohen, aktiv angehen und Lösungen finden. Wir müssen das weltweite Bevölkerungswachstum reduzieren, sonst haben wir auf unserem Planeten keine Zukunft.

Die Überbevölkerung ist unsere größte Herausforderung, sie zu bewältigen, ist für die Wiederherstellung der Balance auf der Erde wichtiger als alle anderen Maßnahmen.

Kapitel 24

Gesundes Essen produzieren

„Ich glaube an das Sprichwort: ‚Du bist, was du isst.' "

U m die landwirtschaftlichen Erträge immer weiter zu steigern, haben wir Chemikalien entwickelt, die nun unsere Umwelt und unsere Nahrungsmittel belasten – zum Nachteil unserer Gesundheit. Unsere Nahrungsmittelproduktion ist durch den Einsatz von Pestiziden, Düngemittel und Medikamenten extrem effektiv und produktiv geworden. Doch diese unerwünschten Substanzen nehmen wir Tag für Tag über die Lebensmittel zu uns.

Erst jetzt beginnen wir zu begreifen, wie hoch die tatsächlichen Kosten sind, die mit der industriellen Produktion von Nahrungsmitteln verbunden sind. Das trifft besonders auf die Fleischindustrie zu, wo Antibiotika, Wachstumshormone und genetisch veränderte Organismen verwendet werden. GVOs werden aber auch zunehmend in der Produktion von Gemüse, Getreide, Mais und Reis bis hin zu Tomaten und Rüben eingesetzt. Dafür zahlen wir einen immer höheren Preis: Die Gesundheitskosten, die mit der Behandlung von Krankheiten, deren Ursache in ungesunder Ernährung liegen, steigen kontinuierlich an.

Wir müssen Inhaltsstoffe und Chemikalien, die für den Menschen und die Umwelt nachweislich schädlich sind, identifizieren und verbieten. Für alle jene Chemikalien, Stoffe und Zusätze, die in der Landwirtschaft und bei Herstellung von Lebensmitteln eingesetzt werden, egal ob Düngemitteln oder

Pestizide, Antioxidantien oder Emulgatoren, müssen strengere Regeln gelten.

Als flankierende Maßnahme zu strengeren Gesetzen und Kontrollen sollten wir auch bei unseren Kindern ansetzen. Bereits in den ersten Schuljahren könnten sie mit entsprechenden pädagogischen Maßnahmen und Programmen dafür sensibilisiert werden, wie wichtig die richtige Ernährung für unsere Gesundheit ist. So kann ein Umdenk- und Bewusstseinsbildungsprozess angestoßen werden, der positive Effekte auf den allgemeinen Gesundheitszustand innerhalb einer Gesellschaft hätte. Zudem würde die Nachfrage nach biologischen Lebensmitteln durch solche Programme gesteigert werden.

In der Debatte um Klimawandel, Nachhaltigkeit und Ökologie vertreten einige die Ansicht, dass die Tierzucht im Allgemeinen eine der Hauptursachen für die globale Umweltzerstörung sei. Es gibt viele zum Teil widersprüchliche Standpunkte von Wissenschaftlern, Umweltschützern und Politikern über die Vor- und Nachteile von Nutztieren für die Umwelt. So behaupten jene, die Nutztierhaltung ablehnen, dass sie durch erhöhte Kohlenstoffemissionen zur globalen Erwärmung beitragen würde, oder dass das Land, das für die Tierhaltung benötigt wird, besser für die Produktion von Getreide genutzt werden könnte, um eine größere Zahl von Menschen ernähren zu können.

Was dabei oft übersehen wird, Tierzucht ist eines der wichtigsten Werkzeuge für die Verbesserung der Bodenqualität und unserer Biodiversität. Durch den Anbau verschiedener Nutzpflanzen zu unterschiedlichen Zeiten werden dem Boden wichtige Nährstoffe zugeführt, und grasende Tiere wie Kühe oder Schafe sind ein natürlicher Weg, um ausgetrocknete und dürre Böden wieder fruchtbar zu machen.

Ich glaube an das Sprichwort: „Du bist, was du isst." Der menschliche Körper ist ein hochkomplexer Organismus, der sensibel und anfällig auf die Vielzahl von eingesetzten Chemikalien in unseren Nahrungsmitteln reagiert. Als ich ein Kind war, hatten meine Altersgenossen praktisch keine Nahrungsmittelallergien. Jetzt ist es umgekehrt: Nur wenige Kinder sind allergiefrei. Immer mehr reagieren allergisch auf eine Vielzahl von Lebensmitteln, von Nüssen und Schalentieren bis hin zu Erdnüssen und Milchprodukten.

Aber es gibt noch weitere Probleme und Entwicklungen, die zum Aufstieg der biologischen Landwirtschaft beitragen. So stehen immer mehr Menschen der Massentierhaltung kritisch gegenüber, sie sind besorgt über die Art und Weise, wie Tiere gezüchtet, gehalten und geschlachtet werden. Sie setzen sich dafür ein, dass Nutztiere artgerecht aufgezogen und nicht grausam behandelt werden. Bei einigen der großen industrialisierten landwirtschaftlichen Betriebe ist die Art und Weise, wie Tiere behandelt werden, tatsächlich barbarisch. In diesen Fabriken werden Tiere auf engsten Raum gehalten, manchmal an Pfosten angekettet oder in kleine Käfige gesperrt. Viele sehen niemals Tageslicht. Diese Tiere müssen ihr kurzes Leben unter grausamsten Bedingungen fristen.

Dass solche Zustände unerträglich sind, und wir Tiere so nicht behandeln dürfen, dem stimmen wohl die meisten Menschen zu. Es braucht für den Umgang mit Tieren in der Nahrungsmittelproduktion Mindeststandards. Jedes Tier sollte zumindest das Recht auf genügend Lebensraum und Tageslicht haben. Auch die Dauer von Tiertransporten sollte streng geregelt werden. Jeder, der gegen solche Vorschriften verstößt, muss streng bestraft werden.

Diese gesetzlichen Regelungen sollten sich am Grundsatz orientieren, wonach Tiere so natürlich wie möglich und frei von Grausamkeit, Schmerz und Stress gehalten werden müssen. Fleischlose, also vegetarische oder vegane Ernährung ist ein großer Trend. Immer mehr Menschen sind der Ansicht, dass man aus ethischen und moralischen Gründen kein Fleisch essen sollte, zumal die im Fleisch enthaltenen Proteine und andere Nährstoffe auch in Nüssen, Körnern, Gemüse und Früchten zu finden sind.

Auch ich habe mir Zeit meines Lebens Gedanken über die ethischen Grundsätze in der Tierhaltung gemacht und mich oft gefragt: Ist es richtig, dass wir Tiere töten, um Fleisch zu essen? Tiere sind Geschöpfe Gottes, genau wie wir. Sie haben viele der gleichen Instinkte wie wir Menschen. Es sind Wesen, die Bewusstsein haben und ihre Umgebung wahrnehmen können. Und sie empfinden Schmerz, Vergnügen, Freude und Stress.

Gegenüber der europäischen Zentrale meines Unternehmens steht eine jahrhundertealte Kirche. Von Zeit zu Zeit esse ich mit dem dort tätigen Priester zu Mittag. Bei einem Glas Wein haben wir schon so manche philosophische Diskussion geführt. Bei einem Thema waren wir uns stets einig: Es ist unmoralisch und unethisch, Tiere die für die Fleischproduktion gezüchtet werden, Schmerz und Leid zuzufügen.

Ich frage mich, ob in ein paar Hundert Jahren die Menschen überhaupt noch Tiere für diesen Zweck halten werden. Werden Tiere aus ethischen Gründen in ferner Zukunft nicht mehr geschlachtet, oder werden uns künftig die Ressourcen wie Land, Wasser und Futter fehlen, um Tiere zu züchten? Wird das einzige fleischbasierte Protein in Zukunft in einem Labor hergestellt werden?

Welchen Weg wir auch immer nehmen, es wird ein langer, evolutionärer Prozess. Der Wunsch, Tiere zu jagen, zu töten und zu essen, ist tief in der menschlichen Spezies verwurzelt und war für unser Überleben und unsere Entwicklung von enormer Bedeutung. Dieser Trieb lässt sich nicht so einfach unterdrücken.

Wie auch immer, die Produktion von Nahrungsmitteln ist heute eine der wichtigsten Industrien der Welt und wird in den kommenden Jahrzehnten, wenn die Weltbevölkerung weiter wächst wie bisher, noch wichtiger. Eine immer größere Zahl von Menschen mit qualitativ hochwertigen und gesunden Lebensmittel zu versorgen, wird in den kommenden Jahren eine gewaltige Herausforderung.

Kapitel 25

Wege zum Weltfrieden

*„Länder und Nationen sehnen sich überall nach dauer-
haftem Frieden mit ihren Nachbarn. Was kann die
Weltgemeinschaft tun, um Konflikte zu reduzieren und
militärische Auseinandersetzungen, die zu einem
Weltkrieg führen könnten, zu verhindern?"*

Die Geschichte lehrt uns, dass Gesellschaften im Laufe
der Zeit kommen und gehen. Die Welt steht nie still
und Kulturen – egal, wie mächtig und hochstehend
sie auch sein mögen – sind alle demselben unaufhaltsamen Evo-
lutionsprozess unterworfen. Unsere Welt befindet sich im Um-
bruch und die Nationen kämpfen um ihre Stellung und Position
in dieser Zeit des Wandels.

China strebt nach weltpolitischer Bedeutung, nach einer Vor-
machtstellung und ist der jüngste der Wirtschaftsgiganten.
Wenn ich heute in den USA in einen Walmart oder ein anderes
Geschäft gehe, sind die meisten Produkte „Made in China". Ich
bin überzeugt, dass ein Unternehmen zumindest teilweise auch
in jenen Märkten produzieren sollte, in denen es seine Produkte
verkauft. Aber viele westliche Unternehmen produzieren, um
höhere Gewinne zu erzielen, ausschließlich in China. Das ist
eine gefährliche Strategie und gleichzeitig die Formel für einen
langfristigen wirtschaftlichen Niedergang.

China hat von diesem Trend enorm profitiert, das Wirtschaftswachstum ist hoch und immer neue Arbeitsplätze entstehen.

Mit dem steigenden Wohlstand muss sich die chinesische Führung auch den immer stärker werdenden Wunsch nach individueller Freiheit, der Hand in Hand mit dem steigen Lebensstandard geht, auseinandersetzen.

Auch Russland ist eine aufstrebende wirtschaftliche Supermacht, die eine wichtige Rolle für die Zukunft Europas und Amerikas spielen wird. Unter all den aufstrebenden Wirtschaftsmächten sind die Russen uns in der westlichen Welt nicht nur geographisch am nächsten, sondern auch kulturell und mental. Diese Nähe, diese Verbundenheit macht Russland für den Westen zu einem wichtigen Handelspartner und potentiellen Verbündeten. Gleichzeitig ist Russland eines der ganz wenigen Länder, das militärisch und technologisch mit den USA mithalten kann. Die kommunistische und totalitäre Vergangenheit des Landes liegt Jahrzehnte zurück, in jüngster Zeit scheint der Demokratisierungsprozess allerdings ins Stocken geraten zu sein.

Es ist verständlich und nachvollziehbar, dass der Übergang für Russland und China zu einer demokratischen Gesellschaft lang und schwierig sein wird. Es ist so, als würde man einen wilden Bären, der lange Zeit eingesperrt war, plötzlich wieder freilassen. Für die gesamte Staatengemeinschaft ist es allerdings wichtig, dass China und Russland erkennbare Schritte in Richtung echter Demokratie setzen. Aus heutiger Sicht lässt sich schwer beurteilen, welchen Weg die beiden Supermächte letztendlich einschlagen.

Die chinesische und die russische Wirtschaft werden in den kommenden Jahren weiterwachsen und die USA bleiben weiterhin die weltweite Supermacht Nummer eins. Obwohl Amerika gerade eine turbulente Zeit durchlebt, ist es immer noch die freieste Nation der Welt, da sich die Regierung kaum in die Wirtschaft und das Leben der Bürger einmischt.

Darüber hinaus haben die Amerikaner eine „Can-Do-Einstellung", der unternehmerische Geist und das Fortschrittsdenken sind traditionell stark ausgeprägt. Aus all diesen Gründen bin ich fest davon überzeugt, dass die USA auch in den kommenden Jahren eine globale Wirtschaftsmacht bleiben werden und dass diese wirtschaftliche Stärke auch die militärische Stärke dauerhaft sicherstellen wird.

Länder und Nationen sehnen sich überall nach dauerhaftem Frieden mit ihren Nachbarn. Was kann die Weltgemeinschaft tun, um Konflikte zu reduzieren und militärische Auseinandersetzungen, die zu einem Weltkrieg führen könnten, zu verhindern? Ein wirksamer Weg, die Spannungen zwischen den Supermächten der Welt zu minimieren, besteht darin, einen besseren und intensiveren Dialog zwischen den Führern der drei Supermächte der Welt zu forcieren. Dieser Dialog könnte von wichtigen Vertretern aus Sport, Wirtschaft und Kunst unterstützt und begleitet werden. Von diesen drei Gruppen sind meiner Meinung nach Athleten am besten geeignet, um als Botschafter zu fungieren. Sportler aus den USA, Russland und China treten bei globalen Sportveranstaltungen, von der Fußballweltmeisterschaft bis zur Sommer- und Winterolympiade, gegeneinander an. Diese Athleten dienen bereits jetzt als globale Botschafter des Respekts, der Freundschaft und des Fairplay. Sport kann einen positiven Beitrag zum Weltfrieden leisten. Das war und ist der Grundgedanke des Internationalen Olympischen Komitees, das vor über 100 Jahren gegründet wurde.

Die athletischen Botschafter haben einen starken Charakter und hohe Integrität und sie haben sich auf höchstem Niveau aneinander gemessen. Sportliche Wettkämpfe sind von gegenseitigem Respekt und gegenseitiger Bewunderung getragen. Deshalb glaube ich, dass sie die idealen Botschafter wären, um Dialoge und Diskussionen anzuregen, um zu gewährleisten, dass wir Streitigkeiten diplomatisch und ohne militärische Gewalt lösen können. Es gibt eine lange Tradition, Sportler als Botschafter zur Beilegung politischer Auseinandersetzungen einzusetzen.

Diese regelmäßigen Zusammenkünfte zwischen den drei Supermächten würden via Fernsehen und Internet in die ganze Welt übertragen. Nicht nur Politiker, sondern auch Sportler, Wirtschaftsvertreter oder Umweltschützer sollten an den Treffen, die monatlich und abwechselnd in Washington, Peking und Moskau stattfinden würden, teilnehmen. Diese öffentlichen Dialoge sollten die Hoffnungen, Ängste und Bestrebungen der Menschen aus diesen drei Supermächten einfließen lassen und abbilden, was zeigen würde, dass die Ähnlich- und Gemeinsamkeiten weit größer sind als die Unterschiede.

Die größte Herausforderung, vor der alle stehen, ist es Wege, Konzepte und Lösungen zu finden, wie globale Konflikte und Kriege künftig verhindert werden können. Grundvoraussetzung dafür ist, dass sich die Supermächte der Welt permanent austauschen. Wir müssen zudem einen offenen und ehrlichen Dialog zwischen den Nationen suchen, aber dieser Dialog ist zu wichtig, um ihn nur den Politikern zu überlassen.

Kapitel 26

Die Transformation der Arbeitswelt

„Jobs sind die wichtigste Währung
des 21. Jahrhunderts."

In den 1980er-Jahren hat sich der kleine Werkzeug- und Formenbau, den ich drei Jahrzehnte zuvor in einer gemieteten Garage aufgebaut hatte, zu einem der größten und vielseitigsten Autozulieferkonzerne der Welt entwickelt.

Wir produzierten alles, was die Autoindustrie benötigte, von Stoßstangen über Motorhauben bis hin zu Türschlössern und Sitzschienen. Aber schon damals war klar, dass Automatisierung und Robotik die Arbeiter ersetzen werden. Schweißarbeiten an Stahlteilen wurden schon damals immer häufiger von Robotern ausgeführt. Als ich anfing, haben solche Arbeiten noch erfahrene Handwerker erledigt. Roboter wurden auch mehr und mehr verwendet, um große, schwere Komponenten in einer Produktionslinie zu bewegen.

Vor fünfzig Jahren waren Roboter und künstliche Intelligenz noch Stoff für Science-Fiction. Heute sind sie Teil unserer Gesellschaft, besonders am Arbeitsplatz, wo Automatisierung immer mehr Arbeitsplätze verdrängt. In den nächsten zehn Jahren wird diese Entwicklung, von selbstfahrenden Transportern bis hin zu Robotern für ältere Menschen, Millionen Arbeitsplätze kosten.

Derzeit erleben wir den Aufstieg der Künstlichen Intelligenz (KI bzw. AI), die ebenfalls viele Arbeitsplätze verdrängen wird, wovon vor allem Angestellte betroffen sein werden. Aber wer sind die Nutznießer dieser neuen Technologien? Und was werden wir mit den Millionen von Menschen tun, die durch diese neuen Technologien ihre Jobs verlieren werden?

Eines steht fest: In entwickelten Ländern werden künftig nur noch wenige Menschen in der Fertigungsindustrie arbeiten. Das ist mit der Agrarindustrie vergleichbar, in der heute nur noch ein kleiner Teil der Bevölkerung beschäftigt ist, während 1850 der überwiegende Teil der Nordamerikaner noch von der Landwirtschaft und der Nahrungsmittelproduktion gelebt haben.

Woher kommen also in Zukunft die Arbeitsplätze?

Der expandierende Dienstleistungssektor wird in Zukunft einen noch viel größeren Anteil an der Gesamtwirtschaft haben – von der Gesundheitsversorgung über spezialisierte Dienstleistungen im Nahrungsmittelsektor bis hin zur persönlichen Fitness. In der Dienstleistungsbranche werden viele Menschen Arbeit finden, die ihre Jobs durch Robotik und Automation verloren haben. Allerdings werden das primär Jobs für niedrigqualifizierte Menschen im Niedriglohnsektor oder Teilzeitbereich sein. Der Lebensstandard, an den sich die Bürger im Westen gewöhnt haben, lässt sich durch solche Jobs nicht aufrechterhalten.

Selbst viele der gut bezahlten Dienstleistungsberufe im Bereich der Finanzdienstleistungen, des Ingenieurwesens oder der Kommunikation werden zunehmend nach Indien oder in die Philippinen ausgelagert. Jenes Segment der Wirtschaft, das in den nächsten zehn Jahren am schnellsten wachsen wird, sind Produkte, Technologien und Dienstleistungen, die unsere Lebensqualität verbessern. Dazu gehören etwa Produkte und Dienstleistungen aus dem Bereich der Biomedizin, zum Beispiel solche, die unser Leben verlängern. Ich glaube, dass auch die Landwirtschaft in den nächsten Jahrzehnten einen Aufschwung erlebt, weil Lebensmittelsicherheit und -qualität immer mehr an Bedeutung gewinnen.

In der Agrarindustrie wird es künftig viele gut bezahlte Jobs für hochqualifizierte Arbeitskräfte geben. Etwa im Forschungsbereich, der sich mit neuen Feldfrüchten oder natürlicher und nachhaltiger Lebensmittelproduktion auseinandersetzt.

Obwohl im Dienstleistungssektor in Zukunft deutlich mehr Menschen als in der Fertigungsindustrie beschäftigt sein werden, glaube ich, dass wir im Westen den anhaltenden Trend von der Real- hin zur Finanzwirtschaft umkehren und uns stattdessen wieder auf unsere einst so stolze industrielle Tradition konzentrieren sollten. Unsere Volkswirtschaften wuchsen, als wir noch Produkte herstellten, die der Rest der Welt benötigte. Produkte, die das Leben verbesserten und dazu beitrugen, neuen Wohlstand zu schaffen. Nur wenn wir uns wieder darauf konzentrieren, innovative, neue Produkte, in denen unser Wissen über Technik, Werkstoffe, Ingenieurskunst und kreatives Design steckt, herzustellen, werden wir in der Lage sein, die Arbeitsplätze der Zukunft zu schaffen. Wir müssen zudem sicherstellen, dass im Bereich der Robotik und Automatisierung keine Monopole entstehen und die Fertigungsindustrie nicht von ein oder zwei Robotikunternehmen kontrolliert wird.

Monopole, ob privat oder staatlich, sind immer schädlich für Gesellschaft und Wirtschaft. Um im Bereich der Robotik Monopole zu verhindern, sollte per Gesetz festgelegt werden, dass kein Unternehmen dieser Branche einen Marktanteil von mehr als 40 Prozent erreichen darf und zudem mindestens drei Unternehmen die Fertigungsindustrie beliefern müssen.

Man könnte sogar einen Schritt weiter gehen und den erlaubten Marktanteil auf 30 Prozent limitieren, damit in diesem wichtigen Wirtschaftszweig zumindest vier Wettbewerber aktiv sind. Diese Anti-Monopol-Maßnahme sollte schließlich für alle Branchen gelten, von Verbrauchsgütern und Telefonen bis hin zu Computern und Automobilen.

In den siebziger und achtziger Jahren des vergangenen Jahrhunderts, als Computer und Automatisierung begannen, unsere Arbeitsweise zu verändern, sagten einige Trendforscher und Ökonomen „das Ende der Arbeit" voraus. Viele dieser Experten glaubten damals, dass die meisten Menschen bis zum Jahr 2030 nicht mehr arbeiten werden müssen, da Roboter und Automatisierung praktisch alle Aufgaben übernehmen und gleichzeitig die Einkommen aufgrund des Reichtums, den diese neuen Technologien generieren, steigen würden.

Das ist eine Utopie geblieben. Zumindest für die Mehrheit der Menschen. Die, die einen Arbeitsplatz haben, arbeiten in der Regel sogar länger und härter als damals bei gleichzeitig sinkendem Reallohn. Aber unbestreitbar sind Arbeitsplätze aufgrund des technologischen Fortschritts verschwunden und der Lebensstandard einer wachsenden Zahl von Menschen ist durch den Verlust dieser Arbeitsplätze deutlich gesunken.

Als ich Vorsitzender von Magna International war, wurde ich von Staaten auf der ganzen Welt umworben, die wollten, dass unser Konzern Produktionsstätten bei ihnen ansiedelt. Damals wurde mir klar, dass Jobs die wichtigste Währung des 21. Jahrhunderts sind.

Ein Konzept, das derzeit immer populärer wird, ist das universelle oder bedingungslose Grundeinkommen, das manchmal auch als garantiertes Jahreseinkommen bezeichnet wird. Das bedingungslose Grundeinkommen würde jedem Bürger ein jährliches Mindesteinkommen unabhängig von Alter, Vermögen oder Beschäftigung garantieren. Ich bin fest davon überzeugt, dass ein solches Modell der Gesellschaft langfristig großen Schaden zufügen würde.

Sollte das bedingungslose Grundeinkommen tatsächlich in die Praxis umgesetzt werden, sehe ich zwei wahrscheinliche Folgen voraus, die sowohl der Gesellschaft als auch der Wirtschaft schaden würden. Zum einen würden wir eine neue gesellschaftliche Klasse schaffen, die untätig, unproduktiv und zufrieden damit ist, auf Kosten des Staates, sprich: auf Kosten der Allgemeinheit am Existenzminimum dahinzuleben. Am Ende dieser Entwicklung bzw. des Niedergangs würde der dem Menschen innewohnende Drang nach Autonomie und Eigenverantwortung immer schwächer, und ein wachsender Teil der Bevölkerung würde völlig vom Staat abhängig sein. Zum anderen würde durch dieses Sozialexperiment das Heer an Bürokraten, Verwaltungsbeamten und Technokraten, die für die Überwachung und Verwaltung des bedingungslosen Grundeinkommens erforderlich sind, weiter anwachsen.

Unabhängig davon, wie sehr Automatisierung, Robotik und künstliche Intelligenz die Arbeitswelt verändern und die menschliche Arbeitskraft ersetzen, die meisten Menschen wollen arbeiten. Es wird immer Menschen geben, die neue Produkte, Technologien oder Kunstwerke erschaffen, Menschen, die das Vorhandene besser, schneller und stärker machen wollen.

Der menschliche Drang, etwas zu erschaffen, etwas Neues zu produzieren, lässt sich nicht unterdrücken oder ersticken. Eine ideale Gesellschaft fördert dieses menschliche Bedürfnis, während Gesellschaften, die Kreativität, Einfallsreichtum und Schaffenskraft einschränken und behindern, zum Nieder- und letztendlich zum Untergang verurteilt sind.

Kapitel 27
Wie Habgier der Gesellschaft nutzen kann

„Jede Gesellschaft, die Kreativität, Produktivität und Innovation behindert, ist eine sterbende Gesellschaft."

Gier ist der Überlebensinstinkt des Homo sapiens. Dieser Instinkt ist etwas zutiefst Menschliches. Gier kann eine zerstörerische Kraft sein, richtig eingesetzt ist sie hingegen der Motor für Fortschritte in Wissenschaft, Technologie, Handel und Kunst. Jede Gesellschaft, die Kreativität, Produktivität und Innovation behindert, ist eine sterbende Gesellschaft, eine Gesellschaft ohne Zukunft.

Es liegt also in unserer Natur, alles besser machen zu wollen, hart zu arbeiten, um sich bessere Kleidung, größere Autos oder schönere Häuser leisten zu können. Das Verlangen, Reichtum und Güter anzusammeln, ist nicht nur ein egoistischer Impuls, sondern dient auch dazu, seinen Kindern ein besseres Leben zu ermöglichen.

Ich glaube, Erfolg kann vor allem daran gemessen werden, wie glücklich man ist. Aus eigener Erfahrung weiß ich, dass es viel einfacher ist, glücklich zu sein, wenn man ausreichend Geld zur Verfügung hat. Wenn wir versuchen, diesen Instinkt zu unterdrücken, werden wir auch jene Kräfte verlieren, deren Motor die Gier ist. Das bedeutet Stillstand statt Fortschritt.

Wann immer Regierungen und Staaten erfolgreiche und wohlhabende Menschen mit zu hohen Steuersätzen belasten, führt das unweigerlich zu einem Rückgang von Produktivität und Innovation. Viel wichtiger als Leistungsträger zu demotivieren ist es, Menschen aus der Armut zu befreien.

Es ist eine Gratwanderung. Wir dürfen die Chancen und Möglichkeiten jener Menschen keinesfalls einschränken, die versuchen, voranzukommen, um sich und ihren Familien ein besseres Leben zu ermöglichen. Eine Gesellschaft, die diesen Drang besser zu werden und mehr zu wollen unterdrückt, sei es durch Erziehung, Gesetze, Propaganda oder Traditionen, kann sich nicht weiterentwickeln. Leistungsfeindliche Systeme sind zum Scheitern verdammt, was Sozialismus und Kommunismus schon unzählige Male bewiesen haben.

Es müssen vielmehr gesellschaftliche und wirtschaftliche Rahmenbedingungen geschaffen werden, die es allen Bürgern ermöglicht, aufzusteigen, Karriere zu machen und reich zu werden. Es geht um Chancengleichheit und Leistungsgerechtigkeit. Um es einfach auszudrücken: Ein Kanalarbeiter muss die Möglichkeit haben, sich hochzuarbeiten und eventuell eines Tages selbst ein Unternehmen zu leiten, das Kanalisationssysteme baut.

Genauso wenig dürfen wir jene behindern und nach unten ziehen, die versuchen, die Karriereleiter aufzusteigen, sei es in der Wirtschaft, in der Wissenschaft oder in der Kunst. Das Streben, der Beste in seinem Fachgebiet zu werden, die absolute Spitze zu erklimmen, ist ein starkes und zutiefst menschliches Verlangen. Wenn unsere Kinder oder Enkelkinder Sport betreiben, träumen sie oft davon, eines Tages selbst Weltmeister zu werden, am Siegerpodest ganz oben zu stehen.

Mit dem Erfolg geht oftmals auch die finanzielle Belohnung einher, ein Nebenprodukt von Spitzenleistungen in fast allen Bereichen. Eine Gesellschaft sollte Menschen alle Möglichkeiten eröffnen, ihre individuellen Träume und Pläne zu verwirklichen. Das ist eine Investition in die Zukunft. Voraussetzung dafür ist, alle Hindernisse und bürokratischen Hürden auf dem Weg zum Erfolg beiseitezuschaffen.

Die klügsten, talentiertesten und kreativsten Köpfe, egal ob in Wissenschaft, Technik, Wirtschaft, Kunst oder Sport, können überall auf der Welt leben und arbeiten. Diese hochqualifizierten Menschen gehen in der Regel dorthin, wo sie die besseren Rahmenbedingungen vorfinden, wo ihre Leistungen gewürdigt werden und sie Geld verdienen können. Das ist absolut verständlich und nichts, was man ihnen vorwerfen sollte. Das Gleiche gilt für Unternehmen.

In unserem globalen Wirtschaftssystem kann keine Nation, zumindest keine, die die Menschenrechte achtet, Barrieren errichten, um talentierte und leistungsorientierte Menschen im Land zu halten. Es ist daher von enormer Bedeutung, dass wir Unternehmer, Forscher und Investoren, die die Motoren bei der Schaffung von Wohlstand sind, nicht behindern oder vertreiben.

Anstatt die reichsten Mitglieder einer Gesellschaft zu hoch zu besteuern, wäre es nicht nur gerechter, sondern auch im Sinne der Volkswirtschaft eines Landes, einkommensstarke Personen die Möglichkeit zu geben, für ihre Nettovermögenswerte von mehr als fünf Millionen Euro eine im Leben einmalige Steuer zu zahlen.

Zudem sollte es auch eine Alternative zur Erbschaftsteuer angedacht werden. Anstelle einer solchen Steuer sollten die Erben zehn Prozent des Wertes des Nachlasses an staatlich anerkannter gemeinnützige Organisationen spenden können, die sich auf die Unterstützung junger Menschen konzentrieren. Dabei sollte es die Möglichkeit geben, den Betrag auf einmal oder in Raten über einem Zeitraum von fünf Jahren zu zahlen. Ein einfaches Beispiel: Wenn der Nachlass rund zehn Millionen Euro wert ist, könnten die zehn Prozent oder eine Million Euro auf einmal oder in fünf Teilbeträgen von je 200.000 Euro über fünf Jahre gezahlt werden.

Dass diese Gelder nicht an die Regierung, sondern an Institutionen und Organisationen fließen, die jungen Menschen helfen, ein erfolgreiches und produktives Leben zu führen, ist der eigentliche Vorteil dieses Ansatzes. Der Staatsapparat ist ohnehin schon zu groß und zu aufgedunsen. Die Jugend ist die Zukunft jeder Gesellschaft, und je mehr Geld wir für ihre Entwicklung, Ausbildung und Erziehung aufwenden können, desto stärker und erfolgreicher wird diese Gesellschaft sein.

Gier hat einen enormen Einfluss auf eine Gesellschaft und ihre Bürger, und sie kann in zwei gegensätzliche Richtungen gelenkt werden: Zu viel Gier ist oftmals schädlich und destruktiv, gut dosierte Gier ist hingegen produktiv und notwendig. Ohne sie würden wir als Menschen nicht existieren. Dieser Instinkt ist ein perfektes Beispiel dafür, dass die Natur manchmal zwei widerstreitende Kräfte in sich vereint, die in und durch ihre Gegensätzlichkeit nach Ausgeglichenheit streben.

Die Gier kann gezähmt, kontrolliert und instrumentalisiert, aber niemals gänzlich unterdrückt werden. Der tief in uns verwurzelte Drang, besser als die anderen zu sein, mehr als die anderen zu erreichen und zu besitzen, ist jene Urkraft, die unsere Gesellschaft vorwärtstreibt.

Eine hochstehende und hochkomplexe Gesellschaft kann sich nur weiterentwickeln, wenn sie jene, die nach Erfolg streben, nicht bestraft und demotiviert.

Kapitel 28

Der Gesellschaft etwas zurückgeben

„Von Zeit zu Zeit sollten wir alle einen Moment
in den Spiegel schauen und uns fragen,
wie wir der Gesellschaft dienen können."

As mein Unternehmen Mitte der 1980er-Jahre die Milli-arden-Umsatzmarke erreichte, unterstützte ich bereits zahlreiche Wohltätigkeitsorganisationen, von Kran-kenhäusern bis hin zu Universitäten, außerdem saß ich in den Vorständen mehrerer Non-Profit-Organisationen.

Zu dieser Zeit hat mich eine Universität eingeladen, an einer Podiumsdiskussion über Leadership teilzunehmen. Zu meinem Panel gehörten erfolgreiche Unternehmer und Regierungsver-treter. Zweck dieses Zusammentreffens war in erster Linie, über einen Lehrplan für die Ausbildung von Führungskräften im öf-fentlichen Bereich nachzudenken.

Ich richtete bei dieser Gelegenheit ein paar grundlegende Fra-gen an das anwesende Publikum: „Führung ist wichtig, aber sind nicht Richtung und Ziele wichtiger? Eine Gesellschaft in den Krieg führen? Führung, um eine neue religiöse Sekte zu schaffen? Ich glaube, wenn wir über Leadership im öffentlichen Bereich sprechen, lautet die erste Frage, die wir stellen müssen: Was wäre eine ideale Gesellschaft?"

Ich führte weiter aus, dass eine Gesellschaft aus Individuen be-steht und es deshalb wichtig ist zu verstehen, was deren Hoffnungen, Träume und Bestrebungen sind. Und ich bin, wie bereits in diesem Buch dargelegt, der festen Überzeugung, dass der Drang nach individueller Freiheit alles andere überlagert. Jeder Mensch will seinen eigenen ganz persönlichen Weg zum Glücklichsein finden und beschreiten. Aber was bedeutet individuelle Freiheit für ein Kind in der heruntergekommenen Innenstadt von Detroit, für Teenager in den Slums von Kalkutta oder den Favelas von Rio de Janeiro? Für sie bedeutet Freiheit, vor allem arm und hungrig zu sein.

Die Menschen haben Träume und Hoffnungen, auch wirtschaftlich frei zu sein. Obwohl wir im Westen in hochentwickelten und wohlhabenden Gesellschaften leben, ist es eine Schande, dass nur fünf bis zehn Prozent der Menschen wirtschaftlich wirklich frei und unabhängig sind. Die Botschaft, die ich zu vermitteln versuche, ist: Was können wir als Gesellschaft tun, um die Hoffnungen und Träume der Menschen überall auf der Welt zu erfüllen? Was müssen wir tun, damit alle Menschen in Freiheit und Wohlstand leben können? Jene Führungskräfte und Politiker, die diese entscheidenden Fragen stellen und am besten beantworten können, werden auch jene sein, denen sich die Menschen in den kommenden Jahren verstärkt zuwenden werden.

Eine andere Schlüsselfrage: Wie definiert eine Gesellschaft Erfolg? Ist man erfolgreich, wenn man es schafft, dass ein Produkt, eine Dienstleistung oder eine Idee möglichst viel Profit abwirft? Oder geht es darum, etwas zu entwickeln oder zu tun, das der ganzen Gesellschaft nützt?

Ich glaube, dass Menschen unabhängig von Einkommen, Bildung oder religiösem Hintergrund stets versuchen sollten, das Leben ihrer Mitmenschen zu verbessern und sich für eine bessere Welt einzusetzen. Unser Leitgedanke sollte stets sein: Können wir einen Beitrag leisten, damit die Menschen ein besseres Leben in einer gerechteren Gesellschaft ohne zu große soziale Unterschiede führen können, weil das jeder von uns selbst gerne hätte? Wir sollten unseren Kindern vermitteln, dass wir der Gesellschaft etwas zurückgeben können und es viele Wege gibt, zu helfen und zu geben. Wir können ehrenamtlich im Sozialbereich arbeiten oder alten Menschen helfen. Jene, die weniger Zeit und mehr Geld haben, können einen Teil ihres Vermögens für Projekte spenden, die die Medizin voranbringen oder die Armut lindern.

Unsere Kinder sollten angeleitet werden, jeden Tag ein paar Minuten still in der Schule darüber nachzudenken, was sie an diesem Tag Gutes für die Gesellschaft tun könnten. Dieser Moment der Reflexion könnte eine Leitlinie für uns alle sein, für Jung und Alt: Was können wir tun, um unseren Mitmenschen zu helfen? Eine große Gefahr für uns als Gesellschaft ist, dass immer mehr Menschen ihre Verantwortung sich selbst und anderen gegenüber an den Staat delegieren und nichts mehr zum Fortschritt und Wohlergehen unserer Gesellschaft beitragen.

All die Erfahrungen und Eindrücke, die ich im Laufe der Jahre in gemeinnützigen Organisationen sammelte, gaben mir wertvolle Einblicke in die Probleme und Schwachstellen einer Gesellschaft. Meine Conclusio: Nicht nur Unternehmen müssen ein Beitrag zum Zusammenhalt einer Gesellschaft leisten, jeder Einzelne, vor allem jene, die mehr Glück im Leben und mehr Möglichkeiten haben, sollten der Allgemeinheit etwas zurückzugeben.

Von Zeit zu Zeit sollten wir alle einen Moment in den Spiegel schauen und uns fragen, wie wir der Gesellschaft dienen können.

Kapitel 29
Eine Revolution
des Geistes entfesseln

„Ich glaube, dass wir derzeit Geschichte schreiben und die Zukunft der Menschheit entscheiden können: Wird unsere Gesellschaft ein Paradies auf Erden oder eine alb-traumhafte, von Krieg, Hunger, Krankheit und Armut geprägte Welt?"

W ir leben in gefährlichen Zeiten, wo bereits eine falsche Entscheidung unsere ganze Zukunft zerstören und unseren Untergang bedeuten kann. Gleichzeitig haben wir die Fähigkeit, die Welt grundlegend zu verändern und zwar nicht durch blutige Revolutionen, wie in früheren Zeiten, sondern durch eine friedliche Revolution des Geistes.

Der menschliche Geist verfügt über unglaubliche Fähigkeiten, über Energie und Willenskraft. Dieses Potential kann und muss genutzt werden, um eine ideale Gesellschaft zu schaffen. Im Laufe des nächsten Jahrhunderts sollte es der Menschheit möglich sein, eine weitere Stufe der Zivilisation zu erreichen, eine Welt ohne Hunger, Armut und Kriege, einer Welt voller Harmonie.

Ich habe viele Jahre über dieses Buch nachgedacht. Je weiter man in die Vergangenheit zurück- und in die Zukunft vorausblickt, desto mehr gewinnt die philosophische Perspektive an Bedeutung. Als ich dieses Buch schrieb, ließ ich meine Lebenserfahrungen aus mehreren Jahrzehnten einfließen, in der Hoffnung, dass ich zumindest einen kleinen Beitrag leisten kann, die Welt etwas besser und lebenswerter zu machen. Ich hoffe, dass die Leser dieses Buches und Menschen, die meine Gedanken und Sorgen teilen, Menschen mit gutem Willen und Mitgefühl, meine hier niedergeschriebenen Überlegungen und Konzepte aufgreifen und so dazu beitragen, auf dem Weg zu einer idealen Gesellschaft weiter voranzukommen.

Ich glaube, dass wir derzeit Geschichte schreiben und die Zukunft der Menschheit entscheiden können: Wird unsere Gesellschaft ein Paradies auf Erden oder eine albtraumhafte, von Krieg, Hunger, Krankheit und Armut geprägte Welt? Die diesem Buch zugrundeliegende Philosophie, auf der das Konzept der idealen Gesellschaft basiert, ist die Suche und das Streben nach Ausgeglichenheit, nach der Ausbalancierung gegensätzlicher Kräfte und Mächte. Das ist auch eines der Leitprinzipien des Universums.

Ich denke, dass die Menschheit definieren sollte, was das Gute, das Gute an sich ist, was es ausmacht. Daraus sollte sie ein über allem stehendes philosophisches, religiöses oder spirituelles Konzept, einen ethischen Überbau entwickeln. Ein solcher Glaube an das Gute kann uns alle auf dem Weg in eine bessere Zukunft inspirieren und vorwärtsbringen.

Natürlich ist mir bewusst, dass wir Menschen mit dem Drang zur Gier ausgestattet sind. Es ist ein Instinkt, der allen Menschen eigen ist, zumal er für das Überleben unserer Spezies von enormer Bedeutung ist. In unserer modernen, hochentwickelten und technisierten Welt können das Ausleben und das unkontrollierte Ausbrechen dieses Instinkts allerdings unseren Untergang bedeuten.

In der Literatur und im Film gewinnen fast immer die „Guten". Das entspricht unserem Wunsch und unserem Verlangen, das tief im Herzen und der Seele der Menschen verwurzelt ist. Es ist das Drehbuch, an das wir glauben wollen, auf das wir hoffen. Im realen Leben gewinnen die „good guys" nicht immer und auch das Gute triumphiert nicht immer über das Böse. Das ist eine der Botschaften dieses Buches: Sind wir auf dem richtigen Weg? Oder steuern wir auf unsere Zerstörung zu?

Ich habe das Pegasus-und-Drachen-Monument auf dem Cover und in diesem Buch mehrmals abgebildet, weil es den ewigen Kampf zwischen Gut und Böse symbolisiert. Das Denkmal ist eine Hommage an den Mut, die Schnelligkeit und die Kraft des Pferdes, das im Laufe der Geschichte einen großen Beitrag zur menschlichen Zivilisation geleistet hat.

Fabeln, Legenden und mythologische Erzählungen transportieren immer universelle Wahrheiten, sind voller Symbolik und legen unter vielen Schichten verborgene Denkmuster und Strukturen offen. In solchen Erzählungen können wir uns selbst und die Prinzipien, auf denen unser Dasein beruht, erkennen, einschließlich der Suche nach Ausgleich und dem ewigen Kampf zwischen Gut und Böse, zwischen Licht und Dunkelheit.

Pegasus und der Drache sind die Verkörperung dieser beiden sich ewig gegenüberstehenden Kräfte, die in einem ewigen Kampf verstrickt sind. Es liegt an uns – und nur an uns selbst –, das Gute, Wahre und Schöne zu bewahren und Tyrannei und Unterdrückung zu überwinden. Das sind die uralten Sehnsüchte, die uns auf dem Weg zur idealen Gesellschaft leiten sollen.

Frank&Frei

Impressum

Die englische Originalausgabe erschien 2017 unter dem Titel „The Question of All Questions: Where Did We Come from and Where Are We Going? What Water Will We Drink and What Air Will We Breathe 200 Years from Now? A Road Map for Building a More Civilized Society" bei Xlibris in Bloomington USA.

Copyright © by Frank Stronach

Frank Stronach
Wegweiser für eine zivilisierte Gesellschaft
DIE FRAGE ALLER FRAGEN
Woher kommen wir, wohin gehen wir?

Verlag Frank&Frei
1. Auflage, Juni 2018
ISBN: 978-3-903236-13-4
eISBN: 978-3-903236-14-1

Aus dem Englischen von Margit Eisen und Werner Reichel
Layout und Satz: Hans Purker | derkapazunder.at